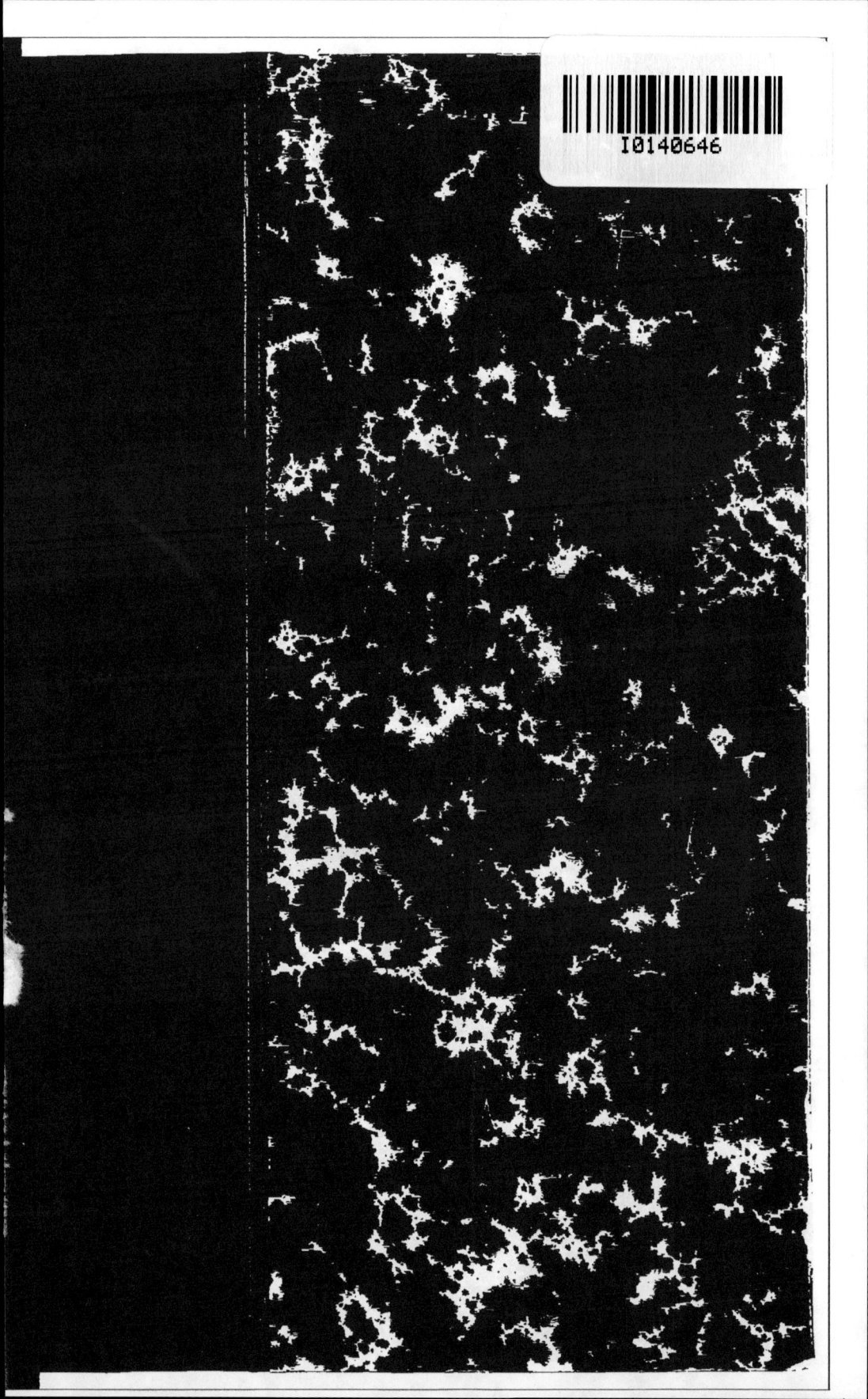

I0140646

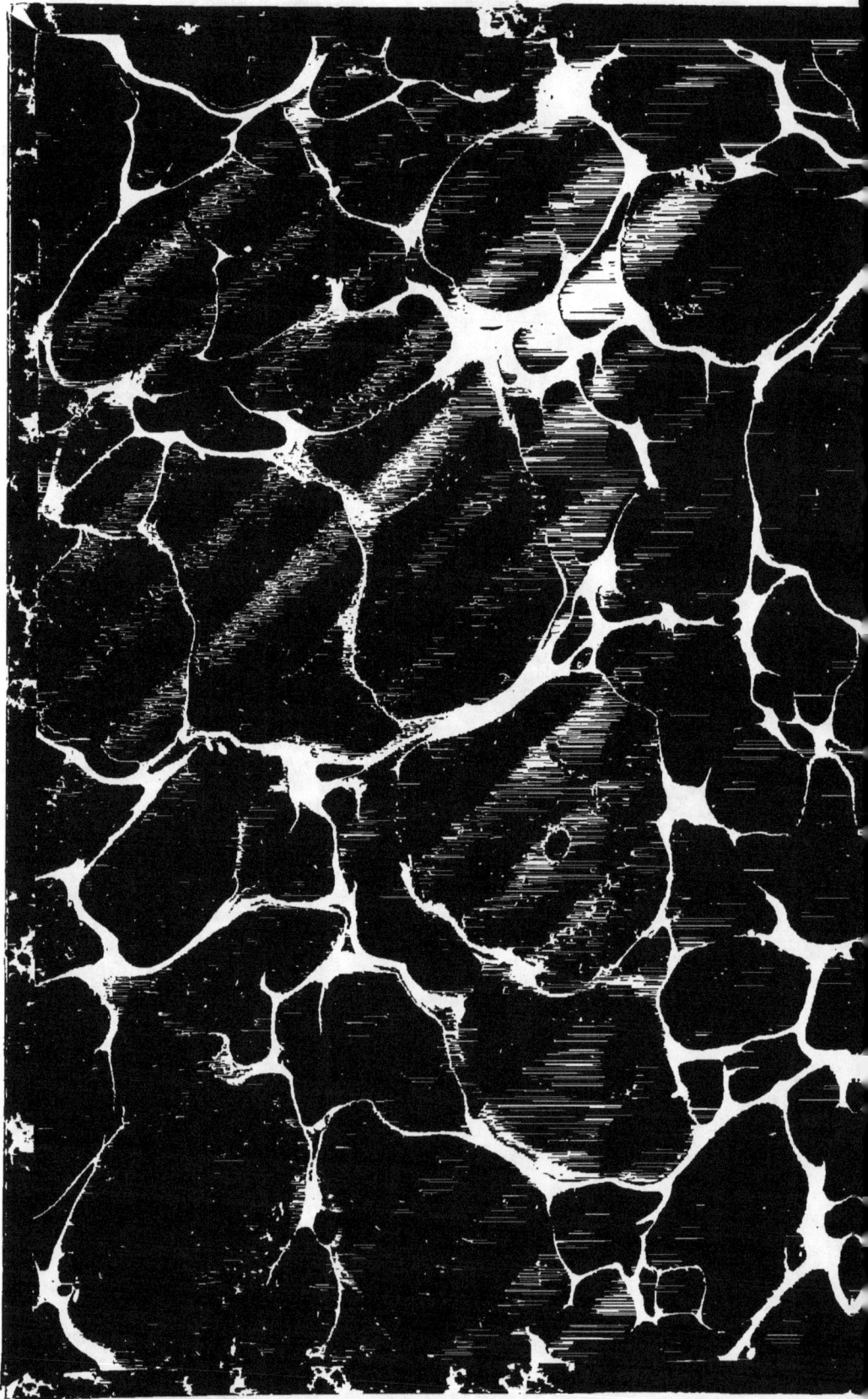

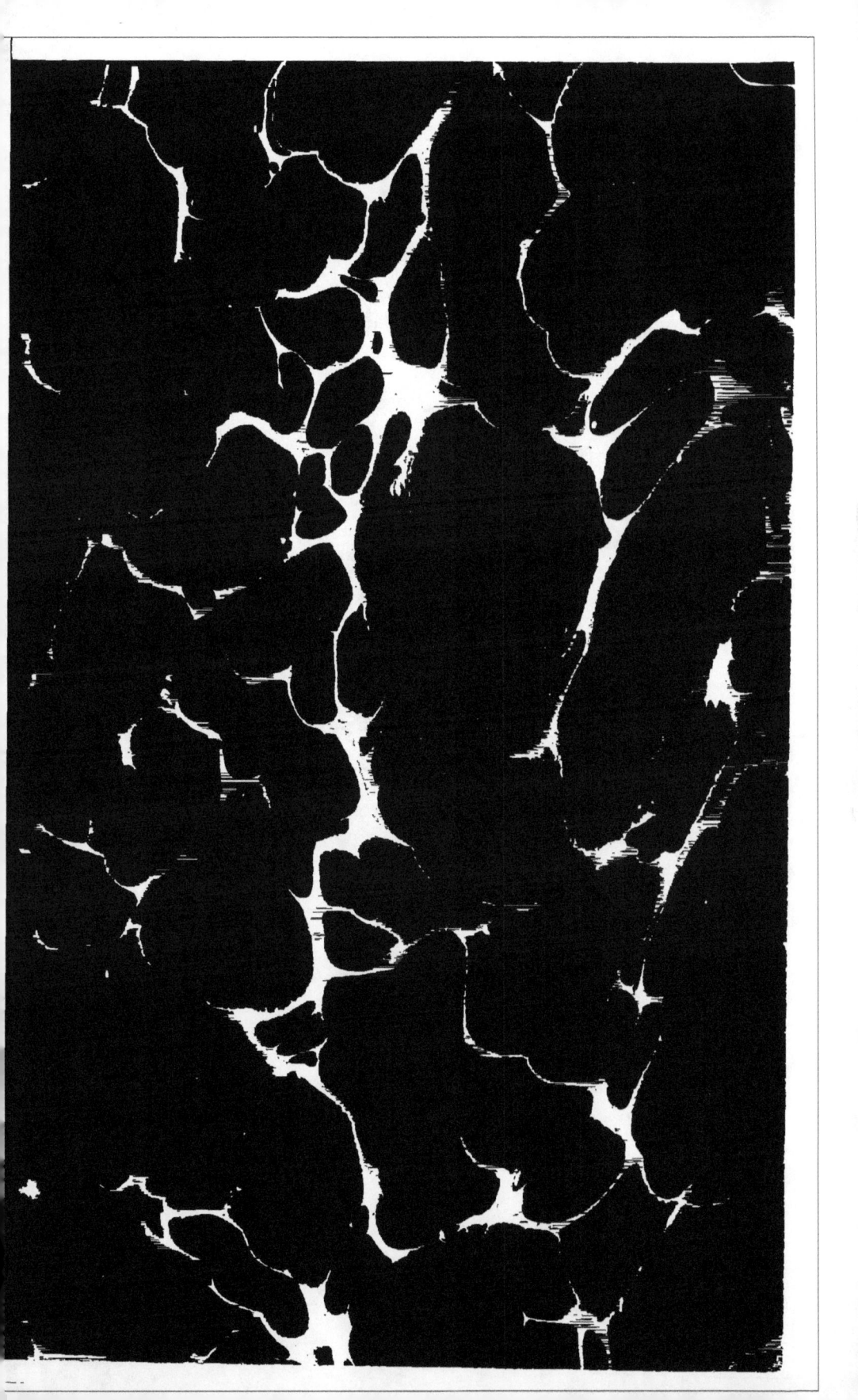

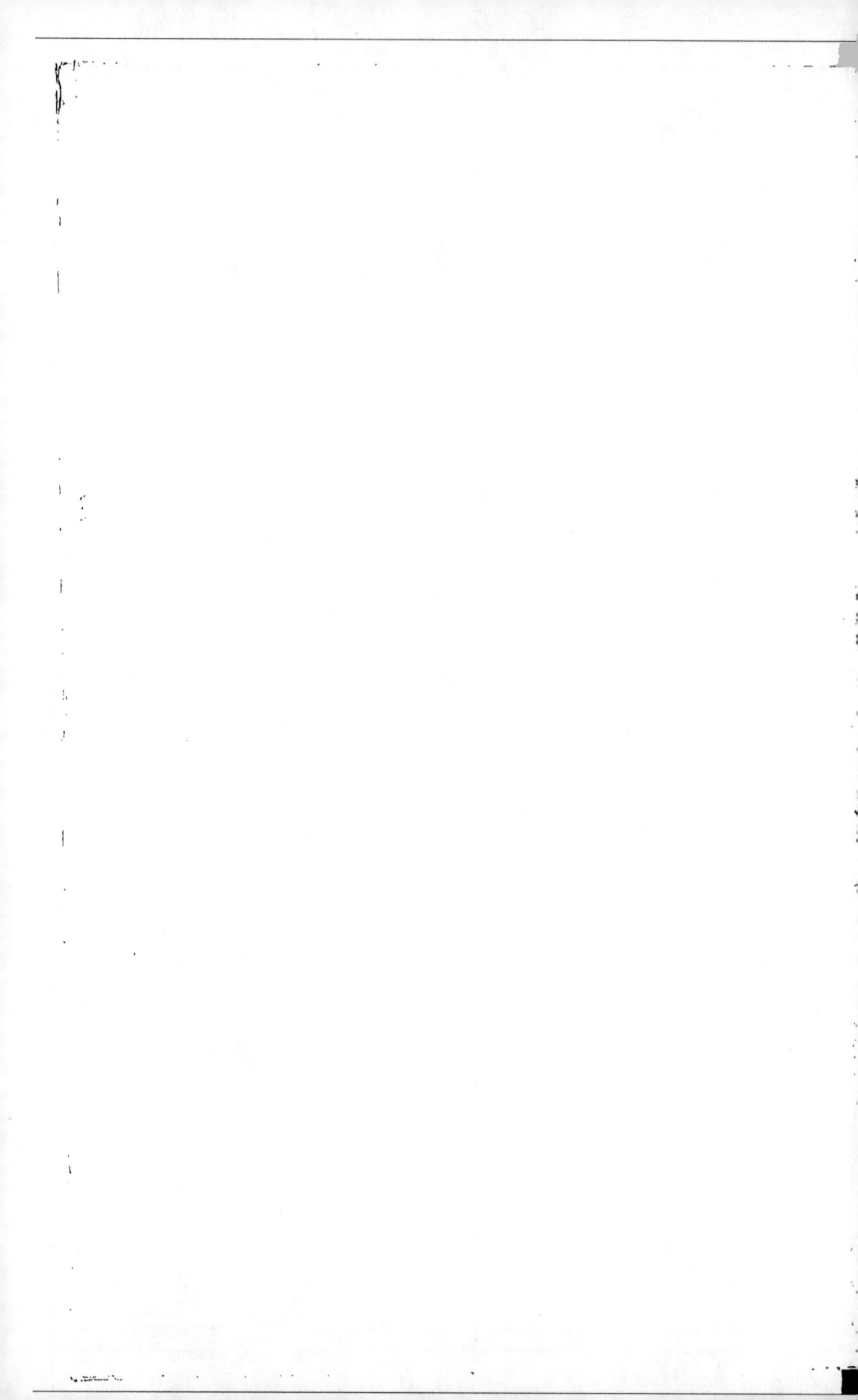

MONTLHÉRY

SON CHATEAU ET SES SEIGNEURS

NOTICE HISTORIQUE ET ARCHÉOLOGIQUE

PAR

V. A. MALTE-BRUN

Armes de Montlhéry

*D'or, à la croix de gueules, cantonnée
de quatre alérions d'azur,
qui est Montmorency ancien.*

PARIS

CHEZ AUGUSTE AUBRY

Libraire de la Société des Bibliophiles françois

Rue Séguier, 18

MDCCCLXX.

MONTLHÉRY

SON CHATEAU ET SES SEIGNEURS

IMPRIMÉ AUX DÉPENS DE L'AUTEUR

A 310 EXEMPLAIRES :

10 sur papier vergé (réservés),
300 sur papier vélin.

NOGENT-LE-ROTROU, IMPRIMERIE DE A. GOUVERNEUR.

Montlhéry
(18..)

F. Fortin

D'après une photographie de V. Pipereau

MONTLHÉRY

SON CHATEAU ET SES SEIGNEURS

NOTICE HISTORIQUE ET ARCHÉOLOGIQUE

PAR

V. A. MALTE-BRUN

Armes de Montlhéry

D'or, à la croix de gueules, cantonnée
de quatre alérions d'azur,
qui est Montmorency ancien.

PARIS

CHEZ AUGUSTE AUBRY

Libraire de la Société des Bibliophiles françois

Rue Séguier, 18

—

MDCCCLXX

8° Z le Senne 9.629

Propriété de l'Auteur.

Tous droits réservés.

AU LECTEUR.

Il n'existe aucun ouvrage particulier sur Montlhéry, son Château et ses Seigneurs, si l'on en excepte
du moins les notices de Boucher d'Argis, de l'abbé
Lebeuf, celles de Dulaure, de Touchard Lafosse, et
des autres historiens des environs de Paris, pour la
plupart, très-concises et incomplètes.

Il est d'ailleurs difficile de rassembler assez de
documents sur Montlhéry pour les réunir en un corps
d'ouvrage intéressant. Située sur le grand chemin de
Paris à Orléans, c'est une ville de passage, l'histoire
y passe aussi, pour ainsi dire, mais elle n'y séjourne
pas.

Si l'on fouille dans les archives de la petite ville?
on n'y trouve trace que des nombreux démélés de

1

ses prévôts avec les baillis seigneuriaux qui relevaient de sa juridiction, au sujet d'usurpations de droits de justice.

Si l'on interroge son histoire? En outre de la célèbre bataille de 1465, on rencontre bien de loin en loin, à propos de son château, quelques jalons intéressants, mais laissant entre eux des vides, des lacunes trop considérables pour mériter à ses Annales l'attention bien suivie du lecteur.

Nous avons, néanmoins, voulu doter Montlhéry d'une notice plus complète que celles qui avaient paru jusqu'à ce jour, sans prétendre pour cela lui donner le livre qui lui manque encore. C'est une ambition que nous laisserons à d'autres, nous contentant de recommander à l'indulgence du lecteur notre *simple* Notice historique et archéologique.

V. A. MALTE-BRUN.

Marcoussis, mai 1870.

CHAPITRE 1

MONTLHÉRY

SOUS SES SIRES OU PREMIERS SEIGNEURS.

991 — 1118.

La révolution qui, au viii⁰ siècle, fit succéder en France la domination carolingienne à celle des Mérovingiens, ne s'était accomplie que par l'intermédiaire de l'Eglise, toute puissante à cette époque ; aussi les fils de Charles Martel se montrèrent-ils reconnaissants envers les évêques, et firent-ils, en faveur du Clergé, de nombreuses fondations pieuses et d'importantes donations.

Parmi ces dernières, il s'en trouve une que Pépin le Bref fit, en 798, quelque temps avant sa mort, à l'abbaye de Saint-Denis, c'est celle du *Mons Aetricus* ou *Aericus* avec toutes ses dépendances [1].

1. Pippinus, gratia Dei rex Francorum,........ donamus ad Basilicam Sancti Dionysii .... nostra foreste cognominante Æqualina cum om-

Ce *Mons Aetricus* ou *Aericus*, qui dans la suite, par l'adjonction de l'article, a pris successivement la forme française de : *Mont Li Airy*, *Mont l'Airy*, *Mont l'Hairy*, *Mont le Héry* et enfin *Montl'héry*[1], dépendait alors de la grande forêt d'Yveline, *Aequalina Sylva*, donnée autrefois par Clovis à l'église de Reims ; mais qui était, depuis peu, rentrée dans le domaine royal. C'était une haute colline, boisée et couverte de grès erratiques, d'environ 75 mètres d'élévation, qui montait graduellement du septentrion vers le midi, puis descendait brusquement par une pente rapide vers un petit ruisseau, la Gadanine ou Salemouille, affluent de

---

nimerito et soliditate sua, quicquid ad ipsa sylva aspicere vel pertinere videtur, sicut usque nunc a nobis fuit possessa. Propterea per hanc præceptionem specialiùs jubemus, at que perpetualiter statutum esse volumus, ut jam dicta Sylva Æqualina cum omni integritate sua, quid quid deintus seu a foris ibidem aspiciti id est tam mansis, terris, domibus, ædificiis, accolabus, mancipiis, sylvis, vineis, campis, pratis, pascuis, aquis, aquarum ve decursibus mobilibus et immobilibus, pecuniis, peculiis, utriusque sexus, gregis cum pastoribus nec non et diversa feraminarum genera, seu et forestarios cum ipsorum mansibus in ipsa foreste per diversa loca commanantes, id est :........... in Villarcellum, mansum unum; in Brogarias, mansum unum; et *Ætrico monte cum integritate*; et in Ansbertovicinio similiter : in Villare mansos duos.

Data in mense septembro, anno XVII, regni nostri.

Brequigny, *Table des diplômes, chartes,* etc. à l'année 798.

1. « L'étymologie la plus simple et la plus vraisemblable du nom de Montlhéry, dit Boucher d'Argis, est que cette ville a été ainsi nommée à cause de la disposition du lieu assez escarpé surtout du côté du château ; en effet en langage celtique Montlhéry signifiait une montée rude et difficile. » Nous partageons l'avis de cet historien de Montlhéry, et nous pouvons citer un autre lieu dans lequel on reconnaîtra la même étymologie, quoique l'article soit ici supprimé, c'est *Hérimont,* aujourd'hui le Mont-Renaud, château près de Noyon, également situé sur une hauteur escarpée.

l'*Urbia* (l'Orge). Au pied de cette colline, et à sa gauche, en regardant le nord, passait l'antique voie romaine d'Orléans à Paris ; sa position la rendait donc très-importante. Les abbés de Saint-Denis firent défricher ce nouveau domaine qu'ombrageaient des chênes séculaires, il fut confié aux serfs de l'abbaye qui l'exploitèrent. Plus tard, ce Mont-li-Airy fut échangé pour quelques autres terres appartenant aux évêques de Paris, et devint ainsi un de leurs fiefs.

Les parties de ce domaine les plus voisines de la route de Paris à Orléans furent les premières essartées et cultivées, quelques maisons de paysans, laboureurs ou forestiers, s'y élevèrent et formèrent un bourg qui prit le nom de la colline à laquelle il était adossé; telle est l'origine de Montlhéry.

Montlhéry, que nous appellerons désormais ainsi, sans répéter les anciennes formes de son nom, ne resta pas longtemps entre les mains des évêques de Paris; l'un d'entre eux le céda vers la fin de la deuxième race à des chevaliers qui devinrent ses feudataires. En cette qualité ils lui devaient annuellement un cierge de 25 sous parisis; et ils étaient tenus de porter processionnellement, conjointement avec les sires de Corbeil, de Montmorency, de Chevreuse, chaque nouvel évêque de Paris, lors de son installation, de l'abbaye Sainte-Geneviève au Cloître Notre-Dame.

Le premier des seigneurs de Montlhéry qui soit connu est Thibaut, que ses cheveux d'un blond pâle firent surnommer File-Etoupe. On le croit second fils de Bouchard Ier de Montmorency[1]. Thibaut File-Etoupe

1. Rien n'est moins prouvé que cette descendance des Montmorency;

était un des principaux barons de la cour de Hugues-
Capet, et sous le règne suivant, celui du Roi Robert, il
remplissait la charge de forestier[1]. Il obtint de ce roi,
au mois de juillet 991, la permission de fortifier Montlhéry; c'est alors que l'on commença à élever le château, dont les fortifications furent terminées vers l'an
1015[2].

A cette époque les principaux barons et seigneurs
du royaume se faisaient entre eux, pour des causes souvent futiles, des guerres acharnées. Thibaut File-Etoupe
n'y fut pas étranger, car il avait pour voisins des seigneurs turbulents dont on retrouve les noms dans nos
annales à cette époque; tels sont les sires de Corbeil, de
Rochefort, de Chevreuse, de Châteaufort, de Montfort
(l'Amaury), du Puiset, etc,, etc.....

Ces guerres durent retarder l'achèvement du château.

c'est une supposition des continuateurs de l'historien Aimoin. liv. 1er,
ch. 46, adoptée par André Duchesne. Voyez l'abbé Lebeuf, Histoire du
Diocèse de Paris, t. X, page 157. Néanmoins Montlhéry a adopté les
premières armes de cette illustre maison : *d'or à la croix de gueules
cantonnées de quatre alerions d'azur.*

1. Cette charge était très-importante aux premiers temps de notre
histoire; on n'en avait pas encore distrait, par démembrement, celle de
grand-maître des eaux et forêts, celles de grand louvetier, de grand fau-
connier et de grand veneur.

2. . . . . . . Tempore Roberti Regis, Theobaldus, cognomine Filans
stupas, firmavit montem lethericum. . . . . Continuat. d'Aimoin.
Recueil des Historiens de France. Tome XII, p. 275.

Environ ce temps, assavoir 1015 fut fermé et clos le chasteau de
Montlhéry par un forestier du Roy Robert appelé Thibaut file estouppe,
aussi fut fermé celui de Tournant et semblablement fut fait Montmorency qui est à trois lieues près Saint-Denis. . . . .
*Le Traducteur de la mer des hystoires. Sous l'an XV de l'Empire
de Henri II.*

du reste nous croyons qu'il n'eut pas d'abord l'importance qu'il acquit depuis; il ne devait guère alors consister qu'en une tour isolée protégée par une enceinte; et peut-être s'élevait-elle sur ce monticule, aujourd'hui bien réduit, que l'on nomme la Motte de Montlhéry? Telle était du moins l'habitude au xe siècle.

Thibaut File-Etoupe mourut vers 1031, au commencement du règne de Henri Ier, laissant son domaine à son fils Guy Ier.

Guy Ier, sire de Montlhéry, fut un des personnages importants de son époque; il était en grande estime auprès des rois Henri Ier et Philippe Ier, sous lesquels il vécut, et les servit avec fidélité. Il avait épousé Hodierne, fille de Guillaume de Gometz, sénéchal de France; elle lui apporta en dot les seigneuries de la Ferté et de Gometz; il possédait déjà du chef de sa mère celle du Bray-sur-Seine, il se trouva ainsi être un des plus riches barons de l'Ile-de-France.

Lors de l'élection de Geoffroy, évêque de Paris, en 1061, il le porta sur ses épaules, avec les sires de Montmorency, de Corbeil et de Chevreuse, ainsi qu'ils le devaient, puisqu'ils étaient ses feudataires. Il accompagnait ordinairement le roi de France Philippe Ier, et assista comme témoin à plusieurs assemblées royales; c'est ainsi qu'il signa en 1067 la charte dédicatoire de l'abbaye Saint-Martin-des-Champs; en 1069, une charte en faveur de l'abbaye de Pontoise; en 1071, une autre dans l'église Saint-Sulpice de Corbeil, en faveur d'une abbaye de Flandre. Son nom se trouve à cette occasion parmi ceux des hommes les plus remarquables de l'époque : Hugues de Vermandois, frère du roi; le sénéchal Baudouin, comte de Flandre; le boutillier Raynal; le connétable Gauthier, et le sire de Montmorency.

C'est sans doute ce Guy de Montlhéry, qui, profitant de la haute faveur dont il jouissait, fit agrandir, ou plutôt reconstruire, là où nous le voyons, le château et la grosse tour de Montlhéry. Il paraît du moins certain qu'il fit élever dans l'intérieur de son château le prieuré Saint-Pierre, qui se trouvait à l'entrée du bayle ou première enceinte, et une église Notre-Dame qui servit d'abord de paroisse aux habitants du bourg. Son épouse Hodierne était une femme douce et pieuse, elle sut retenir près d'elle son mari lorsque Philippe Ier eut été atteint des foudres de l'Église à cause de sa liaison adultère avec Bertrade de Montfort.

Au nord-est et à une demi-lieu de Montlhéry, sur la petite rivière d'Orge, qui était alors plus considérable qu'aujourd'hui, un vieux pont de pierre et de bois, une longue chaussée, unissaient les deux rives assez escarpées; près de ce passage, et sur la rive gauche, il s'était formé un petit village qui en prit le nom : Longpont; son humble église était dédiée à la Vierge; la dame de Montlhéry voulut y établir un monastère. C'était d'ailleurs une coutume féodale de voir à côté du château : le monastère, qui recevait les restes de ses seigneurs, priait pour eux, et faisait pénitence pour ses fautes, et quelquefois même pour les crimes qu'ils commettaient. Aux vives sollicitations de sa femme, Guy Ier obtint de Geoffroy, évêque de Paris, la concession de l'église de Longpont, à la condition qu'il acquitterait envers l'église de Paris tous les droits et redevances de celle-ci. Aussitôt Hodierne se rendit à Cluny, vers l'an 1075, auprès de Hugues Ier, vénérable abbé de cette célèbre abbaye; elle lui fit présent d'un calice d'or de trente onces, et d'une chasuble précieuse, puis elle lui demanda et obtint vingt-deux religieux, qui, sous la conduite d'un prieur nommé Robert, partirent pour Longpont. Ce fut alors que furent élevés l'église et le monastère. Si nous en croyons la légende, Hodierne encourageait et aidait même les travailleurs, elle allait chercher l'eau à une fontaine, qui jouit encore aujourd'hui de la réputation de guérir les fiévreux. On rapporte qu'elle opéra des miracles.

A sa mort elle voulut être enterrée dans le préau qui précédait l'église et devant le portail. Son corps y resta jusqu'en l'année 1651 ; à cette époque, le 30 du mois d'août, Michel Lemasle, seigneur des Roches, prieur de Longpont, fit transporter ses restes dans le chœur de l'église, devant le maître-autel.

Cependant Guy Ier de Montlhéry voyait ses enfants alliés, par mariage, aux plus nobles familles de France ; Milon, son aîné, avait épousé Lithieuse, vicomtesse de Troyes ; Guy le Rouge[1], son second fils, était comte de Rochefort ; Guillaume, son aîné, seigneur de Gometz ; sa première fille, Mélisende, avait épousé le comte de Rhétel ; Mélisende, la jeune, le sire de Pont-sur-Seine ; Elisabeth, était femme de Josselin de Courtenay ; Alix avait épousé Hugues, sire du Puiset, enfin sa dernière fille venait d'être mariée à Gauthier, comte de Saint-Valery. Il avait rempli la mission qu'il avait reçue de Dieu comme : baron, époux et père ; il voulut mourir en chrétien. Laissant donc à son fils Milon sa seigneurie de Montlhéry, puissante et redoutée, il quitta le monde, déposa l'épée et les éperons dorés du chevalier

---

1. Il devait ce nom à la couleur de ses cheveux ; c'est lui qui, dit-on, donna son nom à Montrouge, l'un de ses domaines ?

pour se revêtir de la robe du moine. Il se fit religieux dans ce même prieuré de Notre-Dame de Longpont qu'il avait fondé. Le jour où il prit l'habit des mains du prieur Etienne, il donna aux religieux le moulin de Grottel (Grotteaux), par une charte que Milon et Guy, ses fils ainés, déposèrent sur l'autel.

Guy Ier de Montlhéry fut après sa mort inhumé dans l'aile droite de la nef de l'église de Longpont; on y voyait encore sa tombe avant la Révolution, elle était au niveau du sol de l'église après avoir été autrefois élevée de deux pieds.

Milon Ier de Montlhéry dut à ses exploits et à son courage le surnom de *Grand*. Lorsque son père fut mort pour le siècle, il lui succéda dans sa chatellenie; il était déjà marié et avait plusieurs enfants de sa femme Lithieuse, qui lui apporta en dot le vicomté de Troyes. Il paraitrait que Milon le Grand ne se montra pas aussi dévoué à Philippe Ier que l'avait été son père, il se ligua plusieurs fois avec les ennemis de ce prince. C'est alors que celui-ci comprit réellement l'importance militaire du château de Montlhéry, qui, aux portes de la capitale dominait le grand chemin d'Orléans et interceptait toute communication avec cette dernière ville. Le roi de France ne pouvait songer à s'en emparer par la force des armes, car il avait alors sur les bras bien d'autres affaires importantes; d'ailleurs le sire de Montlhéry comptait de nombreux amis. Le roi au contraire se voyait abandonné par la plupart des seigneurs, que scandalisaient ses relations avec Bertrade de Montfort. Il essaya plusieurs fois d'obtenir par voie d'échange ou d'achat ce terrible manoir, mais ce fut en vain; heureusement la Croisade lui vint en aide.

A la voix puissante de Pierre l'Hermite, les barons

de l'Ile-de-France avaient tous pris la croix. Milon Ier de Montlhéry partit aussi avec son fils ainé, Guy Troussel, son frère Guy le Rouge, comte de Rochefort, et son neveu Hugues, sire de Crécy, fils du précédent.

Il laissait dans son château sa femme et ceux de ses enfants qui ne purent le suivre; il les confia à la garde du châtelain ou gouverneur du château et de quelques chevaliers ses tenanciers.

Il n'entre pas dans le plan de notre notice de faire ici l'histoire de la première Croisade, on sait d'ailleurs quelles furent ses vicissitudes; disons seulement que le sire de Montlhéry, Milon le Grand, se distingua par plusieurs actions héroïques contre les infidèles, et qu'il voulut suivre l'étendart du Christ jusque sur la brèche de Jérusalem (1099).

Il n'en fut malheureusement pas ainsi de son fils Guy Troussel. Celui-ci, à l'exemple de plusieurs nobles barons qui mentirent à leur foi, abandonna la sainte entreprise. Il était dans Antioche que Kerbogah, prince de Moussoul, assiégeait avec 320,000 hommes (1098); par une nuit obscure, à l'insu de son père, il se laissa glisser le long d'une corde du haut du rempart; ayant trompé la vigilance des infidèles, il s'échappa à la hâte, gagna un vaisseau génois, s'y embarqua et revint en France.

Il put alors revoir tous ceux qui lui étaient chers : sa vieille mère Lithieuse, dame de Montlhéry, son épouse Adelaïde, sa fille Élisabeth et ses frères. Mais l'ignominie l'avait précédé dans sa patrie, et aucun des loyaux barons et chevaliers ne voulut tendre la main au *danseur de corde*, c'était l'épithète injurieuse que l'on donnait au déserteur d'Antioche.

La croisade terminée, Milon le Grand, qui avait conservé pur et sans tache l'honneur de ses ancêtres, revint; il croyait son fils Guy Troussel glorieusement tombé sous les flèches des infidèles, il le retrouvait déshonoré…. Qu'elle dut être terrible l'entrevue du père et du fils!

Quelque temps après Milon le Grand repartait pour la terre sainte; fait prisonnier à la bataille de Ramlah, en 1103, il mourait glorieusement de ses blessures.

Guy II Troussel devint ainsi seigneur de Montlhéry, mais abandonné de la noblesse, méprisé de ses vassaux, il se vit contraint d'accéder aux propositions de Philippe Ier; il consentit à lui abandonner son château, à la condition que le roi de France marierait son fils naturel Philippe de Melun, avec Elisabeth, son unique héritière.

Ce mariage fut célébré avec beaucoup de magnificence, en 1104, en présence de toute la cour et Louis de France, fils de Philippe Ier, donna à cette occasion, à son jeune frère, le château et la ville de Mantes dans le Vexin français.

Le roi Philippe Ier se sentit tellement à son aise quand il se vit en possession du château de Montlhéry, qu'il y voulut demeurer pendant quelque temps, et que Suger l'entendit un jour dire à son fils : « Allons! enfant Louis, sois bien attentif à bien conserver cette tour d'où sont parties des vexations qui m'ont fait presque vieillir, ainsi que des ruses et des fraudes criminelles qui ne m'ont jamais permis d'obtenir une bonne paix et un repos assuré [1]. » Guy Troussel reçut en échange

1. Suger, Vie de Louis le Gros, ch. VIII.

du château de Montlhéry la terre de Méhun-sur-Yèvre, en Berry, qui avait fait retour au roi par confiscation.

Ainsi donc, l'an 1104 à la suite du mariage d'Elisabeth, fille de Guy Troussel, avec Philippe de Melun, fils naturel de Philippe Ier, le château de Montlhéry revint à la couronne. Le roi et la Cour y séjournèrent pendant la première année (1105) qui suivit cette union. Depuis cinq ans Philippe avait abandonné l'exercice de la royauté à son fils Louis, il ne se mêlait plus des affaires publiques, et ne songeait qu'aux plaisirs dont il entourait Bertrade de Monfort, cette femme d'un caractère altier et despotique, qui possédait une grande influence sur lui. Les barons de l'Ile-de-France profitaient de son lâche repos pour attaquer son domaine. C'est alors que Louis, son fils, mérita en les repoussant le surnom de *Louis l'Éveillé* ou le *Batailleur* que, plus tard, il devait échanger dans l'histoire contre celui de Louis-le-Gros.

Le château de Montlhéry fut à cette époque le théâtre de grands événements qui eurent leur historien contemporain ; ce fut le pieux et sage ministre de Louis VII, Suger, abbé de Saint-Denis, l'ami, le compagnon d'enfance de Louis VI, dont il voulut écrire la vie. Résumons ici ce qu'il dit au chapitre VIII de son histoire.

Profitant des désordres du roi, et de l'absence momentanée de Louis le Batailleur, Milon, vicomte de Troyes, frère cadet de Guy Troussel, d'accord avec les frères Garlande et d'autres barons, se présenta devant Montlhéry, avec sa mère et une nombreuse troupe de soldats. Accueilli dans l'intérieur du château, grâce aux

intelligences qu'il s'y était conservées, il en fit soulever
la garnison : « Ces traîtres courent aux armes, volent
vers la tour, attaquent ceux qui la défendent, et com-
battent si vivement avec la flamme, le glaive, la lance,
l'épieu et les pierres, que dans plusieurs endroits ils
font brèche au rempart extérieur de la tour et blessent
mortellement beaucoup de ses défenseurs ». Dans cette
tour s'étaient réfugiées Alix de Rochefort, femme de
Guy le Rouge, sénéchal de France, et sa fille Lucienne,
fiancée au fils du roi [1]. Guy réunissant à la hâte quelques chevaliers, accourut pour délivrer les siens. Ceux
qui assiégeaient la tour, sans avoir pu réussir encore à
s'en emparer, voyant Guy approcher, s'enfuirent. Le
sénéchal sut habilement détacher les frères Garlande
de la ligue des seigneurs, et Milon de Troyes, son neveu, abandonné de tous, alla cacher sa honte et sa
colère dans ses domaines. Cependant au premier bruit
de ce qui se passait, Louis le Batailleur était accouru à
Montlhéry, il confirma la paix que le sénéchal Guy le
Rouge avait signée avec les barons, « mais pour que
dans la suite ils ne tramassent quelque chose de semblable, il détruisit toutes les fortifications du château,
à l'exception de la tour [2]. »

Un des premiers actes de Louis VI, devenu roi en

---

1. Lucienne, qui n'avait alors que 10 à 12 ans, avait été confiée aux
soins de sa mère; ce mariage n'eut pas lieu; en 1107, le pape Pascal II
le déclara dissous, au concile de Troyes, sous prétexte de parenté. Guy
le Rouge, et son fils Hugues de Crécy, se vengèrent de l'affront qui leur
était fait, en faisant la guerre au roi de France Philippe et à son fils
Louis.

2. Totam castri munitionem præter turrim dejecit — Suger — *Vita
Ludovici grossi*. Ch. VIII.

1108, à la mort de son père, fut d'enlever à Hugues de
Crécy, fils de Guy le Rouge, la dignité de sénéchal
que son père, du consentement de Philippe Ier, lui
avait transmise. Elle fut donnée à Anselme de Garlande, dont le frère Etienne reçut la charge de chancelier. Louis VI faisait ainsi preuve de sage politique en
gagnant à sa cause ces deux hommes dont l'influence
était grande parmi les seigneurs. Voulant également
s'attacher son frère naturel Philippe de Melun, il lui fit
présent, pour don de joyeux avénement, de la terre et
du château de Montlhéry. Mais il fut bien trompé dans
son attente, car Philippe fit cause commune avec les
barons révoltés et, d'accord avec sa mère Bertrade de
Montfort, il rendit à Hugues de Crécy le château de
Montlhéry. Ils espéraient ainsi entourer le roi Louis VI
d'un cercle d'ennemis, et lui fermer la route de Paris
aux autres grandes villes de son royaume. Louis marcha sur Montlhéry et s'en empara. Les habitants du
bourg le prièrent instamment de les préserver de la
tyrannie et de la cruauté de Hugues de Crécy; ils sa-
vaient, disent les *Grandes Chroniques,* que s'ils venaient
à passer sous sa dépendance, il les mangeraient tous [1].
Le roi de France atteignit Hugues de Crécy dans les
environs de Châtres (Arpajon), lui livra plusieurs com-
bats, et, après l'avoir vaincu, il donna la seigneurie de
Montlhéry à Milon de Bray, second fils de Milon le
Grand, dont les droits sur cet héritage primaient ceux
de Hugues. Cette cession fut solennellement faite par

1. Suger, *Vita Ludovici grossi.* Ch. XVII. *Recueil des Historiens
de France.* Tome II. — *Grandes Chroniques de France.* Tome XII.—
Dulaure, *Environs de Paris,* Tome VI, 1838.

Louis VI en 1110; ce prince voulut présenter lui-même
Milon de Bray aux habitants de Montlhéry comme
leur seigneur légitime.

Mais Milon II, seigneur de Montlhéry et de Bray,
avait un caractère faible et irrésolu; il ne garda pas
envers le roi la reconnaissance qu'il lui devait et se
laissa entraîner dans une nouvelle ligue contre ce
prince par Thibaut, comte de Chartres et de Blois, dont
les immenses domaines entouraient de toutes parts ceux
du roi. Les sires de Corbeil, du Puiset, de Rochefort,
de Châteaufort et d'autres entrèrent dans cette confé-
dération ; le roi d'Angleterre, Henri Ier, accourut lui-
même au secours de Thibaut, son neveu. Une guerre
sanglante éclata. Il semblait qu'elle dût engloutir la
royauté capétienne à son aurore, mais Louis VI tint
bon; fidèlement secondé par les frères Garlande, par
Suger, qui combattit plus d'une fois à ses côtés, il battit
successivement les révoltés, rasa le château du Puiset,
gagna d'autres barons par des promesses, força
Milon II à s'humilier devant lui et consentit généreu-
sement à lui rendre son château de Montlhéry.

Cela ne faisait pas les affaires de Hugues de Crécy,
qui nourrissait l'espoir de rentrer dans Montlhéry. Ce
chevalier déloyal dressa à son cousin Milon II une em-
buscade, le fit prisonnier, et profitant de ce que le
château n'avait alors qu'une faible garnison, il s'en empara par surprise.

Pour dérouter toutes poursuites, Hugues de Crécy
traîna son prisonnier de château en château, et finit par
l'étrangler dans son cachot. Les historiens ne sont pas
d'accord sur le lieu témoin de ce drame; les uns nom-
ment Chateaufort, d'autres Gometz (Gometz le Châtel

ou Saint-Clair), d'autres enfin Montlhéry même. Ce qui est certain, c'est qu'après l'avoir tué, pour faire croire à un suicide, il le précipita du haut d'une fenêtre de la *tour de bois;* le cadavre vint rouler au pied de l'éminence sur laquelle s'élevait le château. C'est là que quelques bergers conduisant de grand matin leurs troupeaux aux champs le trouvèrent.

Milon II avait, de son vivant, fait don de plusieurs terres aux religieux de Longpont. Le prieur Henri vint réclamer le corps de leur bienfaiteur; il fut porté dans l'église du monastère, où il fut solennellement inhumé en présence de l'évêque de Paris, Gilbert, de Louis VI et de toute sa cour.

Le roi voulut ensuite punir celui que la voix publique désignait comme le meurtrier. Il vint assiéger Hugues de Crécy dans son château de Gometz, s'en empara, et le condamna à comparaître devant la cour d'Amaury de Montfort, duquel son fief de Gometz relevait, pour s'y purger par le duel judiciaire de l'accusation portée contre lui.

Au jour marqué, le champ-clos fut dressé dans une vaste prairie qui s'étendait au pied du superbe manoir des Montfort; là, en présence du roi de France Louis VI, et de toute sa cour, du roi d'Angleterre Henri, de Thibaut, comte de Blois, et d'autres barons, Hugues de Crécy n'osant pas soutenir le combat, fit honteusement l'aveu de son crime, demanda pardon à Dieu et aux hommes, et, après avoir abandonné au roi sa terre de Montlhéry, courut ensevelir sa honte dans un cloître, mettant ainsi, dit Suger, le sceau à son humiliation. 1118.

C'est ainsi que le château de Montlhéry rentra défi-

nitivement au pouvoir royal après avoir eu successivement pour seigneurs, pendant une période bien tour-
mentée de 127 ans : Thibaut File-Etoupe, Guy 1er,
Milon le Grand, Guy II Troussel, Milon II de Bray,
et Hugues de Crécy.

CHAPITRE II

MONTLHÉRY

1118 — 1529.

Maître du château de Montlhéry, Louis VI en confia
la garde à un *Prévot, præpositus regis,* qui, sous le
titre de châtelain, et plus tard de capitaine, devait,
conjointement avec des chevaliers qui relevaient de la
seigneurie, le garder en son absence. Ces prévots s'in-
titulaient : *gardes ou capitaines du chastel, chastellenie
et comté de Montlhéry;* et en cette qualité ils prêtaient
serment en la Chambre des Comptes, de le restituer
au Roi quand ils en seraient requis.

A l'exemple de son père, Louis VII résida plusieurs
fois à Montlhéry, avec Suger son ministre; il fit réparer le château et élever des bâtimens d'habitation dans
la cour de l'esplanade. Il data de ce lieu plusieurs
chartes, dont une, en 1144, en faveur de l'abbaye de
Saint-Denis.

Dans l'intérieur du château, il y avait deux églises :
l'une, la collégiale de Saint-Pierre, dans la première
enceinte, ou *bayle*, était desservie par des chanoines
séculiers; l'autre, l'église Notre-Dame, dont la situation est restée ignorée. Ces deux églises furent réunies
en 1154 au prieuré de Longpont[1], et les abbés de
Longpont en nommèrent les curés jusqu'à ce que Saint-
Pierre eut été érigé en prieuré particulier, auquel vers
l'an 1420 on unit une chapelle voisine, celle de Saint-
Laurent.

A son retour de la seconde croisade, vers 1160,
Louis VII fonda dans le bourg la léproserie de Saint-
Pierre, pour les pauvres malades; c'est aujourd'hui
l'Hôtel-Dieu, et à côté de celle-ci la chapelle de Notre-
Dame du Mont-Carmel qui, plus tard agrandie, devint
l'église paroissiale, sous le titre de la Trinité.

Philippe-Auguste (1180-1223) habita souvent le château de Montlhéry. A la requête de Guillaume, 73me
évêque de Paris, il y signa des lettres patentes par lesquelles il reconnaissait devoir, tous les ans, à l'évêché
de Paris, la somme de 45 sous (environ 50 fr. de notre
monnaie) pour les cierges des fiefs de Corbeil et de
Montlhéry, confisqués et réunis à la couronne[2]. En
1184, il y signait encore une charte par laquelle il
abandonnait à l'abbaye du Bois-des-Dames (l'abbaye

---

1. Voyez l'abbé Lebeuf. Tome X, p. 173 et suiv.

2. Ces lettres patentes sont de 1222, Philippe-Auguste reconnaît :
« Nos et hæredes nostri tenemur facere reddi Episcopo sexaginta solidos pro cereo qui pro feodo Feritati Aleps debetur, et quadraginta
quinque solidos, pro cereis Corbolii et Montislherici, et servitum por-
tagii nostri Episcopi per tres milites » (*Archives de Seine-et-
Oise*).

de Malnoue, près Lagny) la dixième partie du pain et du vin qui se consommaient à Montlhéry pendant les séjours qu'il y faisait. On estime que sous son règne cette terre rendait un peu plus de 200 livres de revenus, somme considérable pour l'époque.

Lors de la réorganisation administrative du royaume, Montlhéry devint le siége de l'une des 78 prévôtés royales. La prévôté de Montlhéry s'étendait du nord au sud : de Mons et d'Athis jusqu'à Lardy et La Ferté-Alais; et de l'est à l'ouest : de Vert-le-Grand à Angervilliers et au Val Saint-Germain. Elle comprenait ainsi les cantons actuels de Longjumeau, d'Arpajon, et partie de ceux de Limours et de Dourdan. La juridiction de cette prévôté s'exerçait sur plus de cent paroisses, et sur cent trente-trois fiefs. La plupart de ces fiefs appartenaient à des chevaliers que l'on trouve désignés dans quelques titres sous le nom de : *Milites de Fisco Montis Letherici*, et qui, comme tels, devaient chacun pendant deux mois la garde au château. Parmi les listes de cette époque qui nous ont été conservées, on rencontre les noms de : Guy et Hugues de Vaugrigneuse, Baudoin de Corbeil et de Guillerville, Henri des Vaux, Benoist de Leuville, Guy de Varennes, Thomas de Bruyères, Payen de Saint-Yon, Pierre de Châtres, Jean de Brétigny, Guy de la Norville, Hugues de Saint-Vrain, Anselme de Chetainville [1].

Saint Louis, pendant sa minorité (1223-1229), séjourna plusieurs fois, avec la reine Blanche de Castille sa mère, à Montlhéry et aux environs, notamment

---

1. Voir l'abbé Lebeuf. T. X, pages 161 à 163.

au château de Bruyères, où la tradition a conservé son souvenir[1].

En 1227, lors de la conspiration des seigneurs contre la régente, le roi et sa mère s'étant mis en chemin pour se rendre à Vendôme, où le duc de Bretagne et le comte de la Marche avaient promis de donner satisfaction au jeune roi; on apprit que les rebelles faisaient avancer secrètement des troupes jusqu'à Étampes et à Corbeil pour l'envelopper et l'enlever. Louis IX était déjà à Châtres (Arpajon), lorsqu'il fut averti par Thibaud, comte de Champagne, ce qui l'engagea à se retirer dans le château de Montlhéry. La tradition du pays dit que le jeune roi se cacha dans un souterrain dont on voit l'entrée à quelques pas de la Tour[2].

Les Parisiens, dit le sire de Joinville, accoururent en

1. Dans Montlhéry même, à droite de la porte Baudry, une habitation située près des remparts, a longtemps gardé le nom de maison de la Reine Blanche; soit que la mère de saint Louis y ait résidé, soit qu'elle ait été habitée par quelque veuve d'un des rois de France, alors que leur deuil se portait en blanc.

2. « On voyait autrefois ce souterrain, dit Boucher d'Argis, qui subsiste même encore, mais dans la suite on en a fait boucher l'entrée, à cause que ce lieu était devenu une retraite de vagabonds. » Boucher d'Argis, *Mémoire historique sur la ville, comté, prévôté et châtellenie de Montlhéry*. Au *Mercure de France* de juillet et août 1737. — Elle fut de nouveau bouchée en 1757 et en 1804. Aujourd'hui, on en a déblayé l'entrée, elle sert de caveau pour les rafraîchissements que l'on débite sur l'esplanade de la Tour. On a prétendu que ce souterrain conduisait à Marcoussis, c'est certainement une erreur que la géologie (nature physique du sol) et l'histoire se chargeraient de démentir. Pour nous, cette entrée souterraine ne conduisait qu'à une cave, de peu d'étendue, formée d'une allée et de caveaux latéraux, comme on en voit encore une au Plessis-Saint-Thibaut, au milieu des bois, entre Marcoussis et Bruyères, comme il en existait une au Fay et dans plusieurs maisons notables de Montlhéry.

foule délivrer leur jeune roi : « Et me conta le saint Roy que il (lui) ne (et) sa mère, qui estoient à Mont-le-héry, ne osèrent revenir à Paris, jusques à tant que ceulz de Paris les vindrent querre (chercher) à armes. Et me conta que dès Mont-le-héry estoit le chemin plein de gens à armes et sanz armes jusques à Paris, et que tous crioient à Notre Seigneur que il donnast bonne vie et longue, et le deffendit et gardast de ses ennemis.[1] »

Il est à croire que saint Louis fit réparer le château de Montlhéry de manière à l'approprier à la résidence de la cour; on lui attribue la construction d'un des bâtiments qui étaient dans l'enceinte de l'esplanade. A son retour de la Croisade, vers 1254, il fit élever à gauche de l'entrée de cette esplanade, dans la troisième enceinte, la chapelle qui plus tard porta son nom, et dont on voit encore aujourd'hui très-distinctement l'arrasement des gros murs.

Le bourg de Montlhéry s'était considérablement accru, il débordait les anciennes fortifications dont ses premiers seigneurs l'avaient entouré[2]. Il tirait beaucoup d'importance de son marché qui, déjà à cette époque, se tenait le lundi de chaque semaine. Les juifs avaient, moyennant finance, obtenu l'autorisation de s'y établir et, comme dans les autres villes du royaume, ils avaient un quartier à eux : de là les noms de : rue des Juifs, rue Souliers-Judas.

1. Joinville — *Histoire de saint Louis*, page 50. — Edition Natalis de Wailly. — 1867.

2. Il est présumable qu'elles reliaient le bourg au château ; la porte Baudry, dont il est question dans les plus anciens titres, doit dater de cette époque.

Sous le règne de Philippe-le-Bel la Tour de Montlhéry servit plusieurs fois de prison d'Etat. C'est ainsi
que nous y voyons enfermés : le comte de Hainaut
Jean d'Avesnes (1292-1293), et plus tard Louis de
Nevers, fils aîné de Robert, comte de Flandre (1311).
Louis de Nevers avait été confié à la garde de deux
chevaliers; il s'échappa du château, malgré leur vigilance, et vint audacieusement habiter son hôtel à Paris,
en face du Louvre même.

On peut d'ailleurs se rendre compte de l'importance
qu'avait à cette époque la châtellenie de Montlhéry, car
sur dix-huit cents et tant de livres, que la prévôté de
Paris, hors la ville, faisait de contribution extraordi-
naire au roi Philippe-le-Bel pour soutenir la guerre de
Flandre, cette châtellenie payait 1200 livres.

Au temps de Philippe V le Long on avait, en 1320,
répandu le bruit que les juifs et les lépreux ou *messiaux*,
avaient empoisonné les puits et les fontaines, poussés à
cela par les rois de Tunis et de Grenade, qui étaient
mahométants et qui craignaient que le roi de France
n'entreprît une nouvelle croisade. Montlhéry n'échappa
pas à ce bruit absurde qui ne cessa que lorsque le capitaine du château, Pierre Guillart, eut obtenu du receveur de la vicomté de Paris, Guillaume de Gienville,
une ordonnance du 2 septembre 1321, obligeant de
curer le puits du château.

En 1328, à l'avénement de Philippe VI de Valois, il
y avait dans la châtellenie de Montlhéry 51 paroisses et
5533 feux, ce qui peut approximativement représenter
une population de 20 à 25000 âmes. On peut voir à la
pièce justificative IV quels étaient les fiefs qui en relevaient.

Jean-le-Bon séjourna à Montlhéry pendant les premières années de son règne; il venait s'y livrer aux
plaisirs de la chasse, dans la forêt de Séquigny, dans
les bois de Linas et de Marcoussis. A cette époque
Philippe de Saint-Yon s'intitulait « capitaine et comte
de Montlhéry. » Lorsqu'à la suite de la désastreuse journée de ~~Crécy~~, en 1356, le roi Jean eut été fait prisonnier, les habitants de Montlhéry et ceux de la châtellenie, en outre des tailles qu'ils acquittaient, fournirent
des sommes considérables pour contribuer à sa rançon.[1]

Le Dauphin Charles, depuis Charles V, résida au
château pendant la captivité de son père, notamment
après avoir dissous l'Assemblée des Etats-Généraux
convoqués par ordonnance du 28 décembre 1355; il
datait même de Montlhéry une ordonnance du 5 décembre 1356 relative aux immunités de la ville de
Tournay.

Pendant la guerre de Cent Ans, et les troubles susci-
tés en France par la funeste rivalité des maisons d'Orléans et de Bourgogne, Montlhéry eut sa part des malheurs qui désolèrent la France; successivement pris et
repris par chacun des partis : anglais ou français, arma-
gnac ou bourguignon, il eut à souffrir des exactions de
chacun d'eux. Son histoire se réduit, pour cette
époque, à la triste chronologie de ses malheurs :

En 1358 les Anglais assiègent le château sans pouvoir s'en emparer.

---

1. Voir pages 235-238 des *Mélanges de littérature et d'histoire*, recueillis et publiés par la Société des Bibliophiles françois. Paris, in-8°,
1850, l'article *Rançon du roi Jean*. La châtellenie de Montlhéry fournit
pour une année, d'oct. 1369 à oct. 1370, la somme de 714 liv. par. 11
sous 10 deniers.

Le 31 mars 1360, Edouard III, plus heureux, l'enlève au capitaine Jean de Hangest, chargé de sa défense. Il y séjourna pendant quelque temps.

Le 4 avril de la même année, qui était le samedi saint, les Anglais incendient le bourg; mais bientôt après les troupes du roi Charles VI s'en emparent.

Olivier de Clisson avait, en 1382, reçu la garde et la capitainerie du château de Montlhéry [1]. Il y résida plusieurs fois; c'est notamment dans ce château qu'il s'était retiré, en 1387, après s'être démis de son office de connétable, à la suite du guet-à-pens dont il avait

---

1. Nous avons retrouvé aux Archives de l'Empire la lettre par laquelle Olivier de Clisson reconnaît avoir reçu des mains du roi la garde du château, et s'engage à le lui rendre à sa première sommation. En voici la teneur.

« Olivier sire de Cliçon et de Belleville, connestable de France, savoir faisons à tous que come le Roy nostre Sire nous ait commis la garde de son chastel de Montlehery à certaines gaiges et par certain forme et manière contenues en ses lettres faites sur ce; nous promettons et jurons que par deffaut de paiement de nos diz gaiges, ou de réparations que nous ferions faire audit chastel, durant le temps que nous en avons garde, ou pour autre cause, ou occasion quelconque, nous ne retiendrons ledict chastel en gaige, ni autrement. Nous le baillerons et livrerons au Roy, ou à son certain mandement dont il nous apparera par ses lettres, toutes et quantes fois que il nous fera savoir et au cas toutes vòyes que par les annemis du Roy, nostre dict Seigneur, ledit chastel ne soit pris ou occupé, que Dieux ne veuille, sans la coulpe ou mal engin de nous, en pourrait-on aucune chose demander, et aussi avons promis qu'en iceluy chastel ne ordonnerons personne quelconque elle soit, ou commettrons en nostre lieu, qui avant toute œuvre ne face au Roy, nostre sire, semblable serment. — En témoignage de ce, nous avons fait sceller ces lettres de nostre scel. — Donné à Paris le XIVe jour de mars de l'an Mil CCC quatre vingt et deux. — Par Monseigneur le Connestable (*Signé*) De Saulx. »

Archiv. de l'Empire. — Section historique. — Carton J. — 400. N° 70.

été victime de la part du duc de Bretagne. C'est à Montlhéry que l'évêque de Beauvais, l'amiral Jean de Vienne, et le sire de Beuil, vinrent le trouver de la part du roi Charles VI pour l'engager à reprendre l'épée fleurdelysée. C'est encore dans ce château qu'Olivier de Clisson vint en 1392 chercher un premier asile lorsque les oncles du roi Charles VI, après son accès de démence, voulurent faire arrêter le connétable. Ils avaient envoyé trois cents lances commandées par le sire de Coucy, le sire Guillaume de la Tremoille, le sire de Château-Morand, le sire des Barres : « Partez pour Montlhéry, leur dirent-ils, entourez le château et la ville, et ne revenez pas sans nous l'amener mort ou vif. » Mais ils arrivèrent trop tard, Clisson averti eut le temps de s'en aller à travers champs, il se réfugia en Bretagne.

En 1409 les Armagnacs s'emparent de Montlhéry, et la reine Isabeau de Bavière y vint conférer de la paix avec eux ; elle logea 15 jours au château de Marcoussis.

Le 2 novembre 1410 les Armagnacs, par suite de la paix, évacuent Montlhéry ; l'année suivante ils y rentrent et rançonnent ou torturent les habitants.

En 1413, le duc de Bourgogne chasse les Armagnacs de la place et y établit les gens du roi.

Cette même année Jean de Croi, fait prisonnier, fut conduit par l'ordre de la reine Isabeau au château de Montlhéry pour y être enfermé ; son père envoya de Saint-Denis, pour le délivrer, une vingtaine de cavaliers qui, profitant du moment où le prisonnier assistait à la messe dans l'église du bourg[1], s'en emparèrent, le montèrent

1. D'autres disent dans l'église du château.

sur un bon cheval, et l'amenèrent à Saint-Denis, où ils furent félicités par le père et par le duc de Bourgogne. Ceux qui gardaient le château ne purent jamais les atteindre.

Le 8 octobre 1417, le duc de Bourgogne, Jean Sans-Peur, après avoir dévasté les environs de Paris, se retira vers Montlhéry; il entra dans le bourg, fit le siége du château, et s'en empara après huit jours de blocus. Il s'était également emparé des châteaux de Marcoussis, d'Orçay et de Chevreuse. La garnison qui avait été laissée à Montlhéry désolait les campagnes, elle étendait ses dévastations jusqu'aux portes de Paris; les parisiens ruinés s'en plaignirent vivement. Le prévôt de cette ville, Tannegui Duchâtel, se mit à leur tête, marcha contre la garnison de Montlhéry, assiégea le château et le prit. (Janvier 1418.)

Quelques mois plus tard, le 30 mai, la trahison de Périnet Leclerc livrait Paris aux Bourguignons. Montlhéry tenait toujours pour le parti du Dauphin; voici ce que dans une de ses lettres du 13 novembre 1418 le roi Charles VI, alors au pouvoir des Bourguignons, dit de la garnison: « Les troupes de Montlhéry pillent, robent, boutent feu, sans épargner les églises et mettent à mort ceux qu'ils savent être à nous. » Les récoltes échappées aux ravages de ces brigands ne pouvaient être levées. Mais Jean-Sans-Peur commençait à être las des massacres commis dans Paris au nom des Bourguignons par les bandes du bourreau Capeluche et des factions des Saint-Yon et des Legoix. « Vous feriez mieux, leur disait-il, d'aller mettre le siége devant Montlhéry et Marcoussis pour en chasser les ennemis du roi qui viennent tout ravager jusqu'à la porte Saint-

Jacques et qui empêchent de faire la moisson. » — « Volontiers, crièrent d'une voix ces méchantes gens, donnez-nous des capitaines. » Dès le lendemain le seigneur de Cohens, Messire Gauthier de Rupes et d'autres chevaliers en menèrent six mille devant Montlhéry. Après dix à douze jours de siége, les Parisiens seraient parvenus à s'emparer du château, mais leurs capitaines négocièrent, paraît-il, avec ceux de la garnison, en reçurent de l'argent, et dirent aux Parisiens qu'il arrivait des renforts considérables à ceux du château, et qu'il fallait lever le siége; les Parisiens indignés, se retirèrent.

Ce ne fut qu'en 1423, qu'à la suite de la prise de Meulan par les Anglais, que Montlhéry et Marcoussis se rendirent au Régent, le duc de Bedfort. Ces deux places restèrent entre les mains des Anglais jusqu'en 1436, après la soumission de Paris à Charles VII.

Un capitaine de la milice bourgeoise, nommé Gauvin Leroy, qui avait promis de les rendre, s'acquitta fidèlement de sa promesse.

Le bourg continuait cependant à s'étendre, et plus particulièrement sur la place du Marché et vers la route de Paris; la chapelle de Notre-Dame du Mont-Carmel qui dépendait de l'Hôtel-Dieu, recevait la plupart des habitants qui ne voulaient pas monter jusqu'au château pour entendre l'office divin; elle était devenue insuffisante, elle fut agrandie en 1400 et érigée en paroisse sous l'invocation de la Sainte-Trinité.

Montlhéry jouissait d'une certaine prospérité depuis l'expulsion définitive des Anglais du royaume de France, lorsqu'au commencement du règne de Louis XI, en 1465, elle vit se livrer à ses portes la fameuse bataille à laquelle elle a donné son nom.

C'est en effet dans la plaine qui s'étend entre Montlhéry et Longpont que les armées de Charles, comte
de Charolais, depuis Charles le Téméraire, et du roi de
France, se rencontrèrent au temps de la guerre dite :
la *Ligue du Bien public*. L'historien Philippe de Commines, qui assistait à cette bataille, aux côtés du
comte de Charolais, nous en a laissé un récit détaillé
que nous lui emprunterons.

Louis XI s'était rendu en Auvergne, et dans le
Bourbonnais, pour soumettre Jean II de Bourbon qui
faisait cause commune avec les seigneurs révoltés; mais
apprenant que Charles, comte de Charolais, fils du duc
de Bourgogne, s'avançait vers Paris, il revint sur ses
pas pour couvrir la capitale. Le comte de Charolais
marcha à sa rencontre, d'ailleurs, il allait ainsi au-de-
vant des renforts que Charles, duc de Berri, et le duc
de Bretagne lui amenaient.

Après avoir passé la Seine au pont de Saint-Cloud,
le comte de Charolais s'en alla loger à Longjumeau, et
le comte de Saint-Pol avec toute son avant-garde à
Montlhéry. Ils envoyèrent des espions et des courriers
dans la campagne pour s'informer de l'arrivée du roi,
et du chemin qu'il suivait.

En présence du comte de Saint-Pol on choisit, dans
la plaine de Longjumeau, l'emplacement où il con-
viendrait de livrer bataille, et il fut arrêté qu'aussitôt
que le comte de Saint-Pol verrait venir les troupes
royales il se replierait sur Longjumeau.

Cependant le roi qui arrivait à Châtres (Arpajon)
tint conseil, et il chargea le sénéchal de Normandie,
Dreux Brézé, de conduire l'avant-garde et les guides,
parce qu'il voulait éviter la bataille, mais seulement rentrer dans Paris, sans se rapprocher des Bourguignons.

Le 27 juillet 1465 cette avant-garde atteignit Montlhéry où le comte de Saint-Pol était logé. Celui-ci,
croyant avoir affaire à toute l'armée royale, prévint, en
toute hâte, le comte de Charolais qui attendait près
de Longjumeau, au lieu où il avait été décidé qu'on
livrerait bataille. Il lui demandait de venir le secourir,
car déjà, disait-il, il avait fait mettre les hommes
d'armes à pied, il avait réuni les archers, entouré sa
troupe de son charroi, de telle sorte que retourner
vers lui, comme il lui avait été ordonné, était devenu
impossible, et que c'eût été fuir devant l'ennemi. Le
comte de Charolais lui envoya immédiatement le bâ-
tard Antoine de Bourgogne, avec une troupe considérable, et lui-même, après quelque hésitation, partit
pour les rejoindre; il était sept heures du matin quand
il arriva devant Montlhéry, et déjà cinq ou six enseignes (compagnies) du roi étaient arrivées au long d'un
grand fossé qui séparait les deux troupes.

Le comte de Charolais trouva le comte de Saint-Pol
à pied, et ses troupes se mirent successivement à la
file, au fur et à mesure qu'elles arrivaient. Les archers
étaient préparés au combat, ayant chacun un pieu
planté devant lui, et l'on avait défoncé plusieurs pipes
de vin pour les faire boire. Il fut d'abord convenu que
tout le monde se mettrait à pied pour combattre, mais
bientôt la plupart des hommes d'armes changèrent
d'avis, et remontèrent à cheval; un petit nombre des
plus vaillants, et parmi ceux-ci monseigneur Des
Querdes (d'Esquerdes), et son frère Philippe de La
Laing, à l'imitation des Anglais, persistèrent à rester à
pied au milieu des archers.

L'armée royale venait à la file par la route qui traversait la Forêt de Torfou[1], il n'y avait guère que quatre cents hommes d'armes réunis quand les Bourguignons les virent, et ces derniers les eussent certainement battus s'ils les avaient voulu attaquer, car ceux de derrière n'y pouvaient venir qu'en file, mais leur nombre augmentait de minute en minute.

Le sieur de Contay, chevalier réputé pour sa sagesse, vint dire au comte de Charolais, que s'il voulait gagner la bataille, il était temps qu'il marchât; on perdit un temps précieux à discuter, et déjà l'affaire était engagée au bout de Montlhéry entre les archers des deux partis.

Les archers du roi bien armés, bien équipés, étaient conduits par Poncet de la Rivière, c'étaient tous ce que l'on appelait des archers d'ordonnance « orfaverisez et bien en point »; les archers bourguignons, plus nombreux, mais moins bien équipés, combattaient sans ordre et en volontaires.

Ces derniers gagnèrent une maison, prirent deux ou trois portes, et s'en servirent comme de boucliers.

Ils commencèrent par entrer dans la grand'rue de Montlhéry et mirent le feu à une maison. Le vent, poussant le feu vers les gens du roi, les forcèrent à la retraite, et ils montèrent à cheval et commencèrent à fuir. A cette nouvelle le comte de Charolais, cessant toute indécision, donna l'ordre de marcher en avant.

Les archers du comte de Charolais allaient à pied et en désordre devant lui. Il avait été convenu que l'on

---

1. La route d'Orléans passait alors par Torfou, qu'elle laisse aujourd'hui sur la gauche en allant de Paris à Orléans, elle a été redressée plus tard sous Sully et sous Colbert.

marcherait en trois fois, pour leur permettre de se reposer deux fois et de reprendre haleine, parce que la distance qui séparait encore les deux armées était grande. L'armée royale se trouvait du côté du château de Montlhéry, et il y avait entre elle et les Bourguignons une grande haie protégée par un fossé. De plus les champs étaient couverts de bleds, de fèves, et d'autres grains très-forts. Mais le comte de Charolais, pressé d'en venir aux mains, fit franchir l'espace qui le séparait de la haie, derrière laquelle s'abritaient les archers et les troupes du roi, en une seule traite ; ses troupes arrivèrent harassées, couvertes de poussière ; les gens d'armes du roi tournèrent alors les deux extrémités de la haie, et s'apprêtèrent à recevoir, lances baissées, le choc des Bourguignons. Ce que voyant les hommes d'armes bourguignons qui étaient remontés à cheval, ils bousculèrent leurs propres archers, sans leur permettre de décocher même un seul trait.

A gauche des Bourguignons, du côté de Longpout, étaient le sire de Ravenstein, le comte de Saint-Pol, et plusieurs autres ; mais trop peu nombreux et mal armés, ils furent culbutés jusqu'au charroi, la plupart s'enfuirent même jusque dans la forêt (la forêt de Séquigny) qui était à une demi-lieue de là.

Au charroi, se rallièrent quelques gens de pied Bourguignons.

Ceux qui, du côté de l'armée royale, avaient ainsi mené cette attaque étaient les nobles du Dauphiné et beaucoup de gens d'armes ; tous croyaient avoir gagné la bataille, et, de ce côté, il y eut une grande fuite de Bourguignons et de grands personnages ; ils fuyaient la plupart pour gagner Pont-Saint-Maxence. Mais beaucoup s'arrêtèrent dans la forêt, et parmi eux le comte de Saint-Pol, qui était assez bien accompagné, car le charroi était assez près de ladite forêt.

Cependant le comte de Charolais, à peine suivi d'un petit nombre des siens, avait chassé jusqu'à une demi-lieue au delà de Montlhéry, la foule des archers royaux qu'il avait devant lui, et déjà il se croyait victorieux, lorsque Antoine le Breton, vieux gentilhomme de son parti, lui vint dire que derrière lui, les Français se ralliaient, et que s'il continuait sa poursuite, il se perdrait infailliblement. Charles ne tint d'abord pas compte de cet avis, qui lui fut répété deux ou trois fois; mais monseigneur de Contay le lui donnant de nouveau avec insistance, il rebroussa chemin. Il était temps, car il ne s'en fallut de deux traits d'arc qu'il ne fut pris. En repassant dans Montlhéry, à peine accompagné de cent chevaux, il eut à traverser la multitude des fuyards royaux qu'il avait dépassés; la plupart se sauvèrent par les jardins, mais l'un d'eux, se retournant, lui lança un vouge (épieu), dans la poitrine. Comme il passait auprès du château, il vit les archers de la garde du roi, rangés devant la porte, qui ne bougèrent, ce qui l'étonna fort, car il ne pensait plus trouver ombre de résistance. Il se détourna donc du chemin qu'il suivait pour gagner le large, et comme une partie des siens s'était déjà séparée de lui, il se vit attaquer par quinze ou seize hommes d'armes environ, qui d'abord tuèrent son écuyer tranchant, Philippe d'Oignies, qui portait son guidon, et l'attaquèrent ensuite; entre autres coups il reçut un coup d'épée dans la gorge dont il conserva plus tard la marque le reste de sa vie. Un homme d'armes lui mit même la main dessus, lui disant : « Monseigneur, rendez-vous, je vous connais bien, ne vous faites pas tuer » ; enfin il fut délivré par le fils d'un médecin de Paris, maître Jean Cadet, qui rompit la troupe des assaillants.

Les gens du roi se retirèrent tous sur le bord du fossé où on les avait vus le matin, et le comte de Charolais regagna un groupe des siens qui s'avançait. Des archers du comte, il n'y en avait pas quarante en tout, et les gens d'armes qui l'entouraient étaient au nombre d'une trentaine ; pendant une demi-heure on dut songer à la fuite, si l'on eut été attaqué par une centaine d'hommes, mais peu à peu il arriva des groupes de dix à vingt hommes qui grossirent ce noyau d'armée. Bientôt le comte de Saint-Pol sortit du bois avec une quarantaine d'hommes d'armes, quelques gens de pied les rejoignirent, en un instant le comte de Charolais eut rallié huit cents hommes d'armes.

Le fossé et la haie restaient de nouveau entre les Bourguignons et les troupes royales, on se canonna de part et d'autre. Les Bourguignons plus nombreux auraient voulu recommencer le combat, et s'ils eussent pu trouver cent archers pour tirer au travers de la haie, ils eussent, sans doute, décidé de la retraite des gens d'armes du roi. La nuit vint, et comme le roi se retirait vers Corbeil, les Bourguignons l'ignorèrent parce que le feu prit accidentellement au charroi des Français, le long de la haie, et qu'ils crurent que c'étaient les feux de campement de ceux-ci.

Le comte de Saint-Pol, le sire de Hautbourdin, firent amener le charroi des Bourguignons et l'on campa à environ trois jets d'arc de l'ennemi.

Le comte de Charolais se désarma. On pansa la bles-

sure qu'il avait au cou ; il se fit donner à manger, et
commanda qu'on lui apportât deux bottes de paille pour
s'asseoir. Ce lieu était couvert de cadavres tout dépouil-
lés. Comme on les rangeait pour lui faire place, il y
eut un pauvre homme qui, un peu ranimé par le mouvement, reprit quelque connaissance et demanda à
boire. Le comte lui fit verser dans la bouche un peu de
sa tisane, car il ne buvait jamais de vin. Le cœur revint
à ce blessé ; c'était un des archers de la garde ; on le
fit soigner et guérir.

Le comte et ses capitaines, assis sur un tronc d'arbre,
le long d'une haie, tinrent conseil sur ce qu'il y avait
à résoudre. Le comte de Saint-Pol, le sire de Hautbourdin, étaient d'avis qu'on brûlât les bagages, qu'on
sauvât l'artillerie et que l'on prit la route de la Bourgogne ; le sire de Contay se montra d'un avis contraire.
Il conseilla de passer la nuit à se remettre en ordre et
en bon état, pour reprendre l'attaque dès le lendemain.
« Si Dieu, disait-il, a sauvé monseigneur d'un tel danger, c'est afin de poursuivre son dessein. » Le comte
de Charolais adopta cet avis, encouragea tout le monde,
donna ses ordres, s'endormit pour deux heures seulement, et commanda qu'on fût prêt dès que sa trompette
sonnerait.

Au matin, à l'aube du jour, on apprit, par un charre-
tier bourguignon [1], le départ du roi. Le comte de Charolais resta encore ce jour-là à Montlhéry, il y fut rejoint
par beaucoup de ceux qui s'étaient cachés dans les bois.

Le surlendemain, troisième jour de la bataille, le
comte de Charolais alla coucher à Montlhéry même,

1. D'autres disent par un moine.

dont les habitants, en partie, s'étaient enfuis au clocher de l'église, et en partie au château. Il les fit revenir, et ne perdirent pas un denier vaillant; chacun des siens paya son écot, comme s'il eût été en Flandre.

Le château tint bon pour le roi, et ne fut point assailli. Le troisième jour passé, le comte de Charolais partit pour Étampes.

Tel est le récit de Philippe de Commines[1], nous avons cherché à conserver son originalité et tous ses détails.

Il y eut, dit-on, 3,600 morts de part et d'autre. Les Français perdirent plus de noblesse que les Bourguignons, mais aussi ils firent les prisonniers les plus considérables.

Les morts de chacun des deux partis furent enterrés dans deux fosses séparées près du grand chemin d'Orléans, au nord et à peu de distance du bourg. Dans le pays on montre encore le cimetière des Bourguignons, c'est un champ situé au bout du cimetière actuel de Montlhéry; ce champ resta inculte jusqu'en 1740.

Beaucoup de blessés furent recueillis et soignés dans les villages des environs et dans les monastères de Longpont et de Marcoussis. Ceux qui moururent chez les Célestins de Marcoussis furent inhumés dans le préau qui précédait l'église du monastère. Mais la plupart de ceux qui s'enfuirent vers Paris furent massacrés par les gens des campagnes et par les bourgeois de Paris, sortis en armes de leur ville à la nouvelle de la défaite des Bourguignons. Chacun des deux partis s'attribua la victoire; et tandis que du côté des Bour-

1. Philippe de Commines. — *Mémoires*, chap. III.

guignons, quelques fuyards allaient se faire tuer jusqu'à Pont-Saint-Maxence, du côté de l'armée royale,
ceux qui avaient été poursuivis par le comte de Charolais allaient jusqu'en Poitou répandant le bruit de la
défaite et de la mort du roi.

Louis XI, pour démentir ce bruit, qui pendant la
bataille même gagnait parmi les siens, se vit obligé
d'ôter son casque pour se montrer, il s'écriait : « Non,
mes amis, je ne suis pas mort, voici votre Roi ! défen-
dez-le de bon cœur. »

Jehan de Troyes, dans sa Chronique, donne encore
ce détail : « Et vers la nuit les Escossois de la garde
du Roy, voyans et considerans le grand dangier où le
Roy estoit et la grande perte de leurs gens : aussi que
les dits Bourguignons poursuivoient fort asprement,
prirent le Roy qui moult estoit las et afflict, et qui
n'avoit cessé de combattre et faire grans armes toute la
journée, sans boire et sans manger et le menèrent dans
le chasteau du dit Montlhéry.......... Et après que le
Roy eut esté un peu reffreschi au dit chasteau, fut
mené et conduit d'illec jusques en la ville de Cor-
bueil... »[1]

La plaine où se livra la bataille fut appelée dans les
terriers et titres du pays : *Champtier du Champ de
Bataille*, et ce nom significatif se retrouve encore aujourd'hui dans le Cadastre de la commune.

Montlhéry eut beaucoup à souffrir de cette rencontre,
les récoltes furent entièrement perdues ; plusieurs maisons du bourg avaient été saccagées ou brulées, notamment les premières du côté de Paris. Les habitants se

---

1. Jehan de Troyes, *Chronique scandaleuse*, édition de 1620, page 39.

ressentirent longtemps des suites désastreuses de cette
triste journée ; nous ne voyons pas que le roi Louis XI
ait cherché à les dédommager de leur perte, ou à récom-
penser ceux qui lui conservèrent le château, qui certainement était encore, à cette époque, en bon état de
défense puisqu'il avait pu, ainsi que nous l'avons vu,
soutenir plusieur siéges.

Après ce mémorable événement le bourg de Montlhéry retrouva de nouveau la paix dont il avait tant
besoin ; aussi avons-nous peu de faits historiques à enregistrer à son sujet. En 1474, un sieur de Grammont
y obtint le droit de haute justice. En 1480, Louis de
Halwin était capitaine du château, et en 1512 Geoffroy
Lemaistre [1], licencié ès-lois et avocat au Parlement y
exerçait les fonctions de prévôt pour le roi. Le dernier
qui ait été nommé capitaine du château pour le roi de
France, est Jean de la Rochette, qui était en fonction
en 1514.

Quelques années après, le 6 avril 1529, le roi François Ier donnait la Terre et Seigneurie de Montlhéry,
mais avec faculté de rachat, à François d'Escars, sei-

1. Ce Geoffroy Lemaistre, ou Le Maistre, conserva longtemps ses
fonctions, 1512-1549. Il appartenait à l'une des plus importantes familles
du pays (dès 1362 un Jean Lemaistre était procureur du roi à Montlhéry) ; il eut quatre fils, qui tous remplirent des emplois honorables ;
l'un d'eux, Gilles Lemaistre, dit *Magistri*, fut premier président du
parlement de Paris en 1551 ; un de ses petits-fils, Jérôme Lemaistre,
seigneur de Bellejame, entre Montlhéry et Marcoussis, devint conseiller
d'État ; un autre, Jean Lemaistre, avait été choisi pour présider le
parlement de Paris, par les ligueurs, après qu'ils eurent pendu le président Brisson.

Les Lemaistre portaient : *d'azur à trois soucils d'or*, 2 et 1. On voit
encore leurs armes dans l'église de Marcoussis.

gneur de la Vauguyon, sénéchal du Bourbonnais, et à Isabeau de Bourbon, son épouse, en échange des Terres, Seigneuries et Châtellenies de : Carency, Buquoy, Bonymères et Bonelles, situées en Flandre, qui leur appartenaient, et qui venaient d'être cédées à l'empereur Charles-Quint par le traité de Cambrai.

A partir de cette époque Montlhéry cessa d'appartenir immédiatement à la Couronne ; il eut ce que l'on appelait des *Seigneurs engagistes* qui obtenaient du roi, moyennant une somme déterminée, l'administration et les revenus de la Seigneurie ; mais le roi était toujours maître de racheter ces droits pour en disposer de nouveau selon son bon plaisir.

CHAPITRE III

MONTLHÉRY

SOUS LES SEIGNEURS ENGAGISTES

1529 — 1789.

François d'Escars, seigneur de la Vauguyon et sénéchal de Bourbonnais, fut donc, en 1529, le premier
seigneur engagiste de la châtellenie et comté de Montlhéry. En lui cédant cette partie du domaine de ses
prédécesseurs, le roi François Ier se réservait le droit
de le racheter quand bon lui semblerait.

Le seigneur engagiste, tant que le roi n'avait pas
exercé ce droit de rachat, « jouissait, dit un vieux manuscrit que nous avons sous les yeux, à l'avenir, par
lui, ses hoirs et ayant cause, de la terre et seigneurie
du dict Montlhéery, ses appartenances et dépendances,
maisons, manoirs, cens, rentes. Justice : haute,
moyenne et basse ; revenus, profits et émoluments ;
lots, ventes, saisines, profits à cause des choses tenues
en censive, et exploits ; défauts et amendes ordinaires
et arbitraires, forfaitures, aubaines, confiscations, te-

nues féodales, et profits d'icelles ; cens, reliefs, rachats
de fiefs, d'arrière-fiefs ; quints, requints ; réception de
foy et hommage, à cause d'icelle chastellenie, avec le
droit de retenue par puissance de fief ; les fiefs et arrière-fiefs qui seront doresenavant vendus en la dite
prévosté et chastellenie de Montlhéery, tenus du Roy à
cause d'icelle chastellenie, géolage des prisons, halage,
la foire des plissons, voierie, le poids du Roy, le tabellionnage, la mairie de Champlant, le scel et écriture,
clergé et émolument de la dite mairie ; le péage et passage de la dite prévosté et chastellenie ; le Forage et
Rouage ; le revenu des voieries de Châstres, le poids du
dict lieu, la Coustume de la Pelleterie ; les trois droitures,
qui sont : le halage, mesurage, et minage des grains
et sel et l'étalonnage ; en ce non compris l'unzième
lundi par chacun an du dict minage et mesurage du
dict Montlhéery, adjugé par provision au prieur du
prieuré de Saint-Pierre du dict Montlhéery ; le mesurage
des grains du dict Montlhéery et généralement tout le
revenu et droit appartenant au Roy en la dicte ville,
prévosté et chastellenie de Montlhéery, sans aucune
chose reserver fors et excepté l'hostel et maison séant
devant l'église du dict prieuré et chastel du dict Montlhéery avec les terres et vignes qui en dépendent, contenant deux arpents et demi, ou environ, possedez par
le prieur du dict lieu ; pour, des dites choses ci-dessus
aliénées jouir, faire et disposer, par le dict seigneur
engagiste, et ses dicts hoirs et ayant cause, à la charge
que les officiers qui y sont à présent seront par luy
entretenus, sans les pouvoir déposséder, ni destituer,
payer les gages, ensemble les frais de justice, les fiefs
et aumosnes et autres charges accoutumées. »

Le seigneur engagiste dont nous venons d'énumérer les droits et les charges faisait administrer la prévôté et châtellenie par divers officiers, c'étaient : le prévôt, ou sous-bailli, aux gages de 25 livres par an[1] ; il remplissait les charges de juge ordinaire, d'assesseur du lieutenant civil et criminel ; de commissaire enquesteur et examinateur, de voyer pour le roi. Des titres de 1555 et de 1583 lui donnent la qualification de lieutenant du prévôt de Paris.

Après lui venaient : le procureur du roi, qui recevait également 25 livres parisis de gages ; l'adjoint aux enquêtes ; le substitut du procureur du roi ; deux certificateurs des criées ; le tiers-référendaire ; le commissaire aux saisies réelles ; le receveur des épices et des consignations ; le greffier de l'écritoire ; le greffier de la justice ordinaire ; les vingt-deux procureurs, plus tard, réduits à douze ; les quatre notaires, plus tard, en 1621, on en créa dans chacune des principales paroisses qui relevaient de la châtellenie ; les sept huissiers audienciers, plus tard réduits à trois ; les douze sergents royaux, le sergent fieffé, et les sergents des bois, des chasses et des eaux et forêts ; un commissaire des vins pour le roi, un courtier des vins, un arpenteur juré. N'oublions pas un capitaine du château, qui recevait 125 livres par an ; un lieutenant de la capitainerie, un capitaine des chasses ; enfin un chapelain de la chapelle Saint-Louis du château, qui recevait 25 livres par an. Plus tard, lorsque cette chapelle eût été ruinée, le

---

1. La livre, à cette époque, en tenant compte de la valeur de l'argent, pouvait représenter 50 francs de notre monnaie pour les achats usuels.

roi n'en continua pas moins d'y nommer un chapelain aux gages des seigneurs engagistes ; ce chapelain était choisi par le trésorier de la Sainte-Chapelle du Palais, à Paris, parmi les chantres de cette même Sainte-Chapelle, et il ne devait toucher ses gages que sur la présentation d'un certificat du grand-trésorier attestant qu'il s'était acquitté des messes de fondation.

Le prévôt de Montlhéry avait droit de toute justice en première instance et en appel dans les lieux suivants : Montlhéry, Linas, le Déluge, Nozay et les fermes voisines, la Ville du Bois, Ballainvilliers, Villiers-sur-Orge, la Gilquinière (Vaucluse), Longpont et les moulins, les Noues, Montaubert, Guibbeville. D'autres seigneuries, relevant de la châtellenie de Montlhéry, avaient leur justice particulière, mais leurs baillis devaient prêter serment à Montlhéry, et elles relevaient, par appel, du prévôt de cette ville ; c'étaient : le Marais, Les Loges, Leudeville, Vert-le-Grand, Vert-le-Petit, Poilly et Bonnainville, Villejust, Villebon, Vaugrigneuse, Bandeville, Sainte-Geneviève des Bois, Saint-Maurice, Bàville, Janvrys, qui avaient le droit de haute-justice ; Lardy, Cheptainville, Biscorne ou Beaulieu, Misery, Villebouzin, Orçay, Saulx, prieuré de Châstres, Forges ; Maschery, Juvisy, le Sauvage, paroisse de Villemoisson, tous ces lieux jouissaient du droit de moyenne et basse justice ; Louhans, la Roue, Saulxières, qui n'avaient que le droit de mairie ou de basse-justice. Telle est la nomenclature des lieux sur lesquels le prévôt de Montlhéry, en sa qualité de bailly, exerçait sa juridiction en première instance ou en appel. Quant à la prévôté et châtellenie de Montlhéry, elle était d'une plus vaste étendue encore, elle contenait :

« tous les lieux et endroits de l'ancien ressort de la mouvance du comté de Montlhéery, dans les quels quoique
les seigneurs jouissent de tout droit de justice et du
ressort de l'appel au Châtelet de Paris, par lettres de
concession qui leur en a de temps en temps été faites,
par les Roys de France, et que pourtant le Prévost de
Montlhéery n'y ait plus aucun droit de juridiction ordinaire, au moyen de cette distraction, il ne laisse pourtant pas d'avoir droit d'y connaître, des cas royaux,
comme juge royal de la dicte Prévosté. » [1]

Montlhéry était le siége d'un des anciens bailliages
du royaume, composant avec ceux de Corbeil, de Go-
nesse et de Poissy la vicomté de Paris. Cette vicomté
était distincte de la prévôté de Paris, en ce que le prévôt de Paris ne pouvait en cette qualité de prévôt prétendre aucun droit de justice, si non en tant que comme
bailli de Montlhéry et des autres bailliages qui compo-
saient la vicomté de Paris. Il venait de temps en temps
à Montlhéry tenir des assises, assisté de plusieurs conseillers au Châtelet. Le prévôt de Montlhéry l'assistait
en qualité de *Sous-bailli*, c'est-à-dire de *Lieutenant du
bailli* de la vicomté de Paris, en la résidence de Montlhéry.

Au point de vue ecclésiastique, Montlhéry, lors de
sa fondation, dépendait d'abord du doyenné rural de
Linas ; mais, lorsque le bourg eut pris de l'importance,
deux cents ans environ après la réunion du domaine
de Montlhéry à la couronne, c'est-à-dire dans les premières années du xive siècle ; le siége du doyenné fut

1. Manuscrit de François de Dinan, ancien prévôt de Montlhéry, en
1658.

transporté de Linas à Montlhéry. Ce doyenné formait avec celui de Châteaufort l'archidiaconé de Josas; il comprenait 69 paroisses, et s'étendait, entre la rive gauche de la Seine et la route d'Orléans, d'Ivry, de Gentilly, de Bourg-la-Reine, jusqu'à Lardy et Chamarande du côté d'Etampes.

C'est sous François Ier que les habitants obtinrent, par lettres patentes, en date du 9 juillet 1540, la permission de clore, à leurs frais et dépens, leur ville de murailles, avec pont-levis, tours, fossés et barbacanes. Voici les motifs allégués dans ces lettres-patentes : « Ce bourg est assis en lieu bon et fertile, sur le grand chemin tendant de Paris à Orléans, Blois et Touraine, Anjou, Poitou et de toute la Guienne où, journellement afairent de se repaistre et loger, grande multitude de gens et peuple passant, et le quel bourg qui est d'ancienne merque (mark, marches, frontières) et de noustre vrai domaine, où il y a : prévost, procureur et greffier, Gruyer sergent, et autres officiers pour nous; du quel prévost les appellations ressortissent par devant nostre Prévost de Paris, le quel avec nos Conseillers du Chastellet de Paris y vont souvent tenir les assises pour nous; et avec ce y sont, chacun an, tenues plusieurs foires et chaque semaine deux marchés, vendant et distribuant plusieurs marchandises........ et pour ce que les dits habitants ont par cidevant souffert plusieurs maux, pilleries, larcins d'aucuns *mauvais garçons*, gens voulontaires tenant les champs, venant en nostre royaume de France sans nostre adveu, qui les ont souvent robbés, pillés, battus et outraigés...... »

A l'époque à laquelle nous sommes parvenus, c'est-à-dire au commencement du XVIe siècle, Montlhéry s'était accru principalement dans le voisinage du marché, et dans la direction du chemin de Paris; plusieurs rues transversales étaient venues se rattacher à la Grand' Rue; sauf la vieille porte Baudry, il ne restait plus trace de la première enceinte qui dans l'origine avait dû relier le bourg naissant au château. La ville fut alors entourée de murailles et flanquée de tours; elle était protégée par des fossés, encore reconnaissables, entre le château et la ville. On y entrait par trois portes principales : la porte Baudry, du côté de Linas; la porte de Paris; et la porte de la Borde, de Montlhéry ou du Château, du côté de Saint-Michel et de Longpont. Près de la porte Baudry, une poterne donnait accès aux gens qui venaient de la vallée de Marcoussis, c'était la porte du Montoire; elle méritait bien ce nom, car on n'y arrivait qu'en escaladant les pentes occidentales de Montlhéry plantées en vignes. Près de la porte de la Borde, et derrière l'église paroissiale, une poterne conduisait au château, elle avait donné son nom à une rue improprement appelée aujourd'hui rue de la Poterie.

Ces fortifications, dont il reste encore quelques traces aux portes de Linas, de Paris, de Saint-Michel, et dans les jardins qui regardent le couchant et le midi, n'avaient rien de l'élégance des anciennes constructions militaires du moyen-âge, elles avaient été élevées à la hâte et l'on y employa probablement les débris des premières enceintes du château.

Ainsi que dans les autres villes du domaine royal, la corporation des bouchers avait acquis à Montlhéry une certaine importance, François Ier lui accorda en 1540 de nouveaux priviléges.

Le 1er mars 1543 les commissaires royaux rachetèrent
à François d'Escars le comté et chastellenie de Montlhéry; ils le vendirent à Claude de Clermont, seigneur
de Dampierre, moyennant la somme de 6,000 livres;
mais celui-ci ne garda pas longtemps ce domaine, car
le 3 mars 1547, les commissaires le rachetaient de nouveau, toujours pour le donner à titre d'engagement au
chancelier François Olivier, chevalier, seigneur de
Leuville, moyennant 11,600 livres, outre les charges.

C'est à cette occasion, le 23 mars de la même année,
que fut dressé un procès-verbal d'expertise pour cons-
tater les réparations qu'il était nécessaire de faire au
château. Ce procès-verbal, fort important pour l'historien, est ainsi transcrit dans l'*Inventaire* manuscrit *des
titres du comté et châtellenie de Montlhéry* [1] : « Il est
constaté : qu'il y avait à l'entrée du château une basse-
cour séparée par trois ponts-levis, garnis de fossés, la
porte d'entrée du dit château, avec herse, pont-levis,
et voutes, pour le logis de la dite porte. La cour du dit
château contenant 21 toises, 5 pieds de longueur,
depuis la dite porte jusques au donjon étant au bout de
la dite cour, sur 7 toises de largeur, depuis le mur
d'une salle, jusqu'aux murs de la cloture du dit château, dans laquelle cour est un puits d'une grande
profondeur. A l'un des côtés de la dite cour, est un
grand édifice appliqué à deux salles, l'une de 60 pieds
et l'autre de 30 pieds de long et de 22 pieds de large,
et dont les murs ont six pieds d'épaisseur. De l'autre
côté de la dite cour, des galeries, sur les avant-murs,
pour servir à aller à couvert le long des allées des dites

1. Archives Thirouin, communiquées par V. Cocheris.

galeries. Au bout de la petite salle ci-dessus, joignant le donjon était un petit corps de logis. Au fond et au bout de la dite grande cour est le Donjon du dit chasteau, de pierre de graisserie, de 16 pieds en quarré par dedans œuvre, dont les murs ont sept pieds par bas, et six, cinq et quatre par haut, d'épaisseur. Les deux premiers étages de la dite tour ou donjon sont voutés, et dans le premier est un moulin à bras, trois enrayures de charpente par haut, le comble de charpenterie, couverture en ardoise et plomb, et garni de marches et allées au pourtour. »

Les réparations à faire furent alors évaluées à 8,700 livres, somme très-considérable pour l'époque. Un autre procès-verbal de la visite du château, faite de nouveau, le 24 août 1547, par les experts, constate qu'il y avait « deux tours à la porte d'entrée de l'esplanade, une autre tour appelée *la tour brûlée*, une autre tour et la grosse tour, avec deux corps d'hôtel joignant aux dites tours. » Cette tour brûlée, voisine du donjon, était sans doute la tour de droite, celle qui regarde la vallée de Marcoussis.

Ce ne fut que l'année suivante, en 1548, que le chancelier de Leuville prit possession de son comté de Montlhéry; il fit rebâtir la geôle et l'auditoire; de ces anciennes constructions, il ne reste plus que la geôle avec sa tourelle engagée et ses deux étages de cachots, à l'un desquels on ne peut accéder qu'à l'aide d'une échelle [1]. Le chancelier fit acquitter certains paiements

---

1. La Justice de Montlhéry, où s'exécutaient les arrêts criminels, fut d'abord dans le voisinage du château même, au lieu dit aujourd'hui les Gros-Piliers, plus tard et à l'époque de son histoire à laquelle nous

en retard, et notamment à Jean d'Escars, parent de l'ancien seigneur engagiste, plusieurs années de gages qui lui étaient dues comme capitaine du château. Ce Jean d'Escars, sénéchal de Bourbonnais et seigneur de la Vauguyon, est le dernier qui ait été *régulièrement* pourvu de cette charge de capitaine du château [1].

La seigneurie de Limours relevait de Montlhéry; aussi vit-on, on 1555, Diane de Poitiers, duchesse de Valentinois, venir prêter serment de foi et hommage dans l'auditoire, entre les mains d'Olivier de Leuville. Elle séjourna plusieurs fois dans son château de Limours, et elle eut des rapports de voisinage avec François de Balsac, seigneur de Marcoussis, et avec le chancelier Olivier; on prétend même que le château de Marcoussis, ainsi que les bois qui le séparent de Leuville, furent témoins de certaines aventures galantes avec le fils du chancelier [2].

Au temps des guerres de religion, Montlhéry fut de nouveau exposé aux malheurs de la guerre. Le château n'était plus en état de défense, mais la ville, par sa situation entre Paris et Orléans, avait une certaine importance. Aussi fut-elle successivement prise et reprise par chacun des deux partis catholique et calviniste. En 1562, le prince de Condé, à la tête des calvinistes, s'empare de Montlhéry, le livre au pillage, enlève du château les canons et les arquebuses qui s'y

sommes parvenus, cette justice avait été transportée à droite du grand chemin de Paris à Orléans, près de celui de Montlhéry à Nozay, sur les pentes des Petits-Champs, au lieu dit aujourd'hui *la Justice*.

1. On en nomma depuis encore, mais ce n'était plus qu'un titre bénéficiaire qui valait 125 livres par an.

2 Voir notre *Histoire de Marcoussis*, pages 126 et 351.

trouvaient encore, et ces armes furent retrouvées le 17 février suivant à Chilly, dans la maison des seigneurs de Longjumeau où elles avaient été déposées.

Montlhéry devint pour les calvinistes un quartier-général d'où ils sortaient pour ravager les environs.

Les châteaux de Marcoussis et d'Orçay, les monastères de Longpont et de Marcoussis furent dévastés, livrés au pillage et brûlés, les religieux durent aller chercher un refuge dans Paris, et les choses restèrent dans cet état jusqu'à l'avénement de Charles IX [1].

Au chancelier Olivier de Leuville succéda, comme seigneur engagiste de Montlhéry, le chancelier René de Birague; il s'était rendu adjudicataire de la seigneurie moyennant la somme de 6,300 écus. René de Birague ne conserva pas longtemps ce domaine et, le 5 mars 1575, le seigneur engagiste reconnu fut François de Balsac d'Entragues, seigneur de Marcoussis et de Bois-Malesherbes, bailli et gouverneur d'Orléans. C'était un des principaux seigneurs de la cour de Henri III; il avait épousé Marie Touchet, maîtresse de Charles IX, et il en eut Henriette d'Entragues, maîtresse de Henri IV : triste est son histoire et celle de sa famille [2].

Jean Porteau était à cette époque prévôt de Montlhéry; il avait succédé en 1581 à Jean Rahier ou Royer, c'était un homme recommandable par ses qualités et son savoir, et il resta en charge pendant plus de vingt années. Le roi Henri III, désirant s'éclairer

1. Voir notre *Histoire de Marcoussis*, page 167 et suiv. — Voir aux Pièces justificatives, p. 380.
2. Voir l'*Histoire de Marcoussis*, pages 127 à 153.

sur l'importance du parti calviniste dans le royaume, avait, en 1585, ordonné un recensement général « de ceux de la prétendue religion réformée. » Jean Porteau fut chargé de dresser un état de ceux qui habitaient dans le ressort de la châtellenie. En compagnie du procureur du roi, d'un greffier et de trois sergents, il partit de Montlhéry le vendredi 13 novembre 1585, et n'y rentra que le 26 du mois, parcourant les villages et les hameaux de la châtellenie qui étaient encore alors au nombre de plus de 150. Ce fut ce même Jean Porteau qui fut, avec Claude de la Vaisière, procureur du roi, désigné par les habitants de Montlhéry pour les représenter aux États généraux de Blois en 1588, « et y faire les remontrances, et notamment contre les privilégiés et exempts de tailles à cause de leurs offices. »

Cependant les halles de Paris étaient depuis longtemps en fort mauvais état, Henri III désirait les faire réparer, mais il manquait d'argent; exerçant son droit de rachat, il fit de nouveau mettre en vente la châtellenie de Montlhéry, avec celles de Gournay, de Tournan, de Châteaufort et d'autres du domaine royal jusqu'à concurrence de 12,000 écus au soleil « pour, les deniers de la dite plus-value et revente, être employés à la réfection et réparation des halles de Paris. » François de Balsac, auquel le roi venait de reprendre Montlhéry, s'en rendit de nouveau adjudicaire moyennant la somme de 6,300 écus d'or au Soleil. Il dut à cette occasion s'obliger à faire dresser un terrier contenant « les droits, dépendances, redevances de la châtellenie; les déclarations devant en être renouvelées tous les dix ans. » Ces 6,300 écus furent en effet employés à réparer les halles de Paris.

Vers 1585 le prince de Condé, après s'être emparé de Montlhéry, y avait laissé garnison, et ses soldats, peu disciplinés, s'étaient établis tant bien que mal dans les bâtiments à demi ruinés du château et dans la ville; en 1585 les ligueurs les en chassèrent, mais les habitants, exaspérés des exactions commises par l'un et l'autre parti, se soulevèrent, tuèrent le capitaine ligueur, expulsèrent à leur tour ses soldats et remirent la ville et le château entre les mains du roi.

Deux ans après, le 9 décembre 1587, Henri III ordonnait aux habitants de Montlhéry de réparer les fortifications de leur ville; ces réparations furent terminées en 1589. La porte de Linas, dite porte Baudry, fut alors rebâtie au moyen d'une taxe levée sur les habitants. Cette porte était très-ancienne et datait certainement des premiers seigneurs de Montlhéry; elle est clairement désignée sous le nom de *Porta Baudrici* dans un acte signé par Milon le Grand au sujet du droit de sépulture que se disputaient les religieux de Longpont et les chanoines de Saint-Pierre[1].

Henri III était mort, Henri de Navarre, reconnu roi

1. L'abbé Lebeuf, t. X, p. 175. Au commencement du XIXe siècle, la porte Baudry fut de nouveau réparée ainsi que l'atteste l'inscription suivante gravée sur une plaque de marbre noir, au-dessus de la porte du côté de la ville.

CETTE PORTE
BATIE DÈS L'AN 1015
PAR THIBAUT FILE-ÉTOUPE,
FUT REBATIE EN 1589 SOUS HENRI III,
ET RESTAURÉE SOUS LE CONSULAT DE BONAPARTE,
L'AN VIII DE LA RÉPUBLIQUE,
PAR GOUDRON DU TILLOY, MAIRE.

sous le nom de Henri IV, venait de remporter la
bataille d'Ivry; le duc de Mayenne qui commandait
l'armée de la Ligue se rapprocha de Paris et vint
camper à Saint-Denis. Comme il voulait s'assurer des
villes qui avoisinaient la capitale, il envoya l'écuyer
Du Gué, seigneur de Villefermière et capitaine de
50 chevau-légers, avec ordre de s'établir à Montlhéry;
malheureusement les habitants qui, à bon escient,
redoutaient d'avoir à loger des gens de guerre, parais-
saient peu disposés à obéir aux ordres de la Ligue, et
le capitaine qui logeait avec ses troupes à Linas ayant
appris qu'on voulait le chasser à coups d'arquebusades
se rendit auprès du prévôt de la ville, Jean Porteau,
pour faire ses plaintes et menacer les habitants de la
colère du duc de Mayenne. Le prévôt, pour gagner du
temps, s'avisa de réunir les principaux habitants et fit
écrire des remontrances au duc de Mayenne; voici ces
remontrances :

« Premièrement, que le chasteau de Montlhéery est
inhabitable, comme le dict sieur Du Gué a peu voir,
ainsi qu'il a esté cidevant recogneu par le lieutenant
de Monsieur de Givesme envoyé exprès par le dict
seigneur de Mayenne, et que pour ce regard, se devait
pour ce adresser au seigneur de la Roche d'Ollainville, auquel la garde du dict chasteau a esté commise
par le dict seigneur de Mayenne. Et que pour le regard
de la ville elle n'estoit de défense ni tenable, ayant jà
par le passé tous les habitants d'icelle esté tous ran-
çonnés et pillés, et si, sont redevables de plus de trois
mille escus, pour les munitions par eulx fournyes,
comme qu'ils ont esté contraincts fournir par l'ordonnance du feu roy; ou encore les tailles, subsides, pres-

tations qu'ils ont payé toutes au long au receveur de
l'Union, et que d'ailleurs, ils avoient mandement et
sauvegarde exprès de mon dict seigneur de Mayenne
des 16 et 17 février 1589, signées par le dict seigneur
de Mayenne.... Ils auraient advisés de se pourvoir
tout par devers le dict seigneur de Mayenne que au
dict conseil, avant que satisfaire au désir et réquisitoire
du dict sieur Du Gué, estant seulement porteur des
dites lettres missives non subscriptes par le secrétaire
du dict sieur de Mayenne, ny scellées en placard des
armes du dict seigneur, selon qu'il en est accoutumé
faire en tels affaires, craignant icelles missives avoir
esté obptenues par surprise ou avec aimportunité contre
le voulloir et intention portées par les sauvegardes du
dict seigneur de Mayenne, et arrestées en conseil, et
comme quant aux menaces prétendues par le dict sieur
Du Gué luy avoir esté faictes de le chasser à coups
d'arquebusades, disent qu'ils n'y ont jamais pensé, et
ne peuvent croire qu'aucun habitant ayt esté si mal
advisé de tenir un tel langage. Au contraire seroient,
les dis habitants, les premiers qui voudroient se mettre
en devoir pour le tirer hors de danger, sy aucun se
présentoit qui luy voulsist mal faire, veu l'affection que
le dict sieur Du Gué monstre avoir envers la religion
catholique, pour laquelle les dicts habitants ne man-
queront jamais de devoir et le feront paroistre toutes
et quantes foys qu'il sera besoin. Et supplient le dict
sieur Du Gué d'avoir encore patience jusqu'à ce qu'ils
ayent eu sur tout ce que dessus, l'expédition faicte sur
leur requeste, etc. »

Le capitaine Du Gué qui assistait à la réunion dit
pour toute réponse qu'il était gentilhomme d'honneur,

qu'il n'avait pas surpris la signature du duc de Mayenne, que le Conseil n'avait jamais rien à voir à ces matières de guerre, et que si les habitants se mêlaient de la faction les affaires iraient très-mal[1].

Les habitants de Montlhéry furent tirés de ce mauvais pas par l'arrivée de Henri IV qui, voulant s'emparer des villes dont les marchés alimentaient Paris, vint mettre le siége devant Corbeil. Mais son armée manquait de pain. Le 5 avril 1590, il adressa, de son camp, une lettre à Jean Porteau, prévôt de Montlhéry, lui faisant savoir qu'il eût à faire fournir par les habitants de Montlhéry et de Linas le pain de munition nécessaire à son armée, à peine d'en répondre en son propre et privé nom, « ce à quoy ne tenoient les dits habitants de satisfaire. »

Quelques jours après, Henri IV se présentait en personne devant les portes de la ville; les habitants espérant la fin de tant de calamités lui firent bon accueil et lui fournirent deux cents hommes d'armes sous la conduite de Louis le Picart, seigneur de La Grange. Cette troupe rejoignit le roi sous les murs de Paris, mais Henri IV ayant appris l'arrivée du duc de Parme et du duc de Mayenne, leva le siége et se retira vers Chartres. Le 5 novembre de cette même année 1590, il vint séjourner à Montlhéry; après son départ, une bande de partisans s'empara de la ville et du château sous la conduite du capitaine Baudry dit La Paille. La ville fut de nouveau dévastée et pillée, mais les habitants, poussés à bout, coururent aux armes et, sous la

---

1. Archives Thirouin, acte du 12 mars 1590. — Communiqué par M. V. Cocheris.

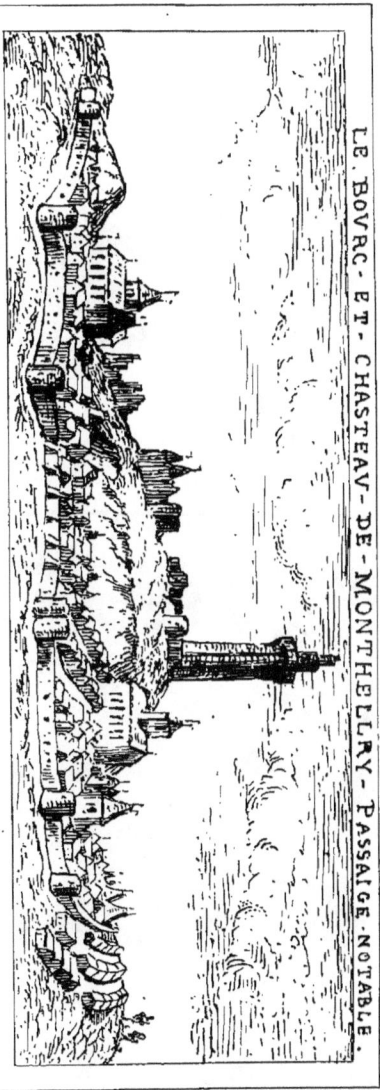

LE · BOVRC · ET · CHASTEAV · DE · MONTHELLRY · PASSAGE · NOTABLE.

E F

Imp Lemercier & Cie Paris

D'après une gravure de Chastillon (1610)

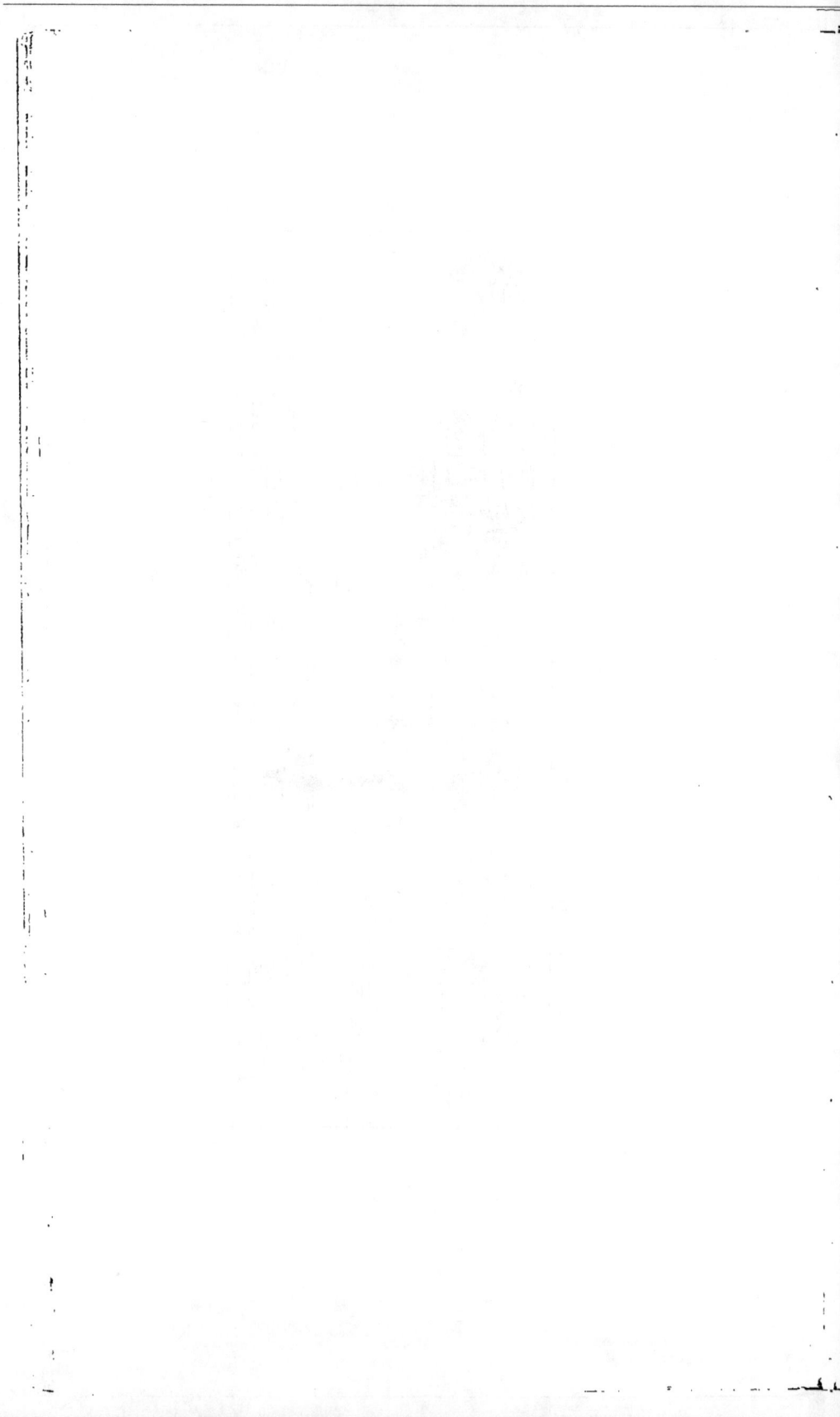

conduite de Jacques de la Roche, les chassèrent.
Depuis lors, Montlhéry demeura fidèle à la cause du
roi Henri.

Cependant le château dont les bâtiments étaient en
fort mauvais état ne pouvait plus recevoir de garnison
régulière ; il était devenu, dans ces temps de troubles,
plutôt une cause de danger que de protection pour les
habitants, convoité qu'il était toujours par les deux
partis et surtout par les bandes isolées qui couraient
la campagne en leur nom. Les habitants de Montlhéry
s'en étaient plaints plusieurs fois ; ils obtinrent enfin,
le 15 décembre 1591, du gouverneur de Paris, Jean-
François de Faudoas, comte de Belin, l'autorisation de
le mettre en *état de neutralité*, de manière qu'aucune
garnison ne pût s'y loger. Ils furent même autorisés à
le raser si cela était nécessaire pour la sûreté de leur
ville. Les principales fortifications de l'esplanade du
château furent alors démolies, le vieux donjon fut
démantelé, et ces débris servirent à achever les murs
de clôture de la ville qui en certains endroits n'étaient
pas terminés.

Pendant les premières années du règne de Henri IV,
Montlhéry vit se cicatriser les plaies que la guerre
civile lui avait faites ; avec la paix et le travail de ses
industrieux habitants, l'abondance et la prospérité
reparurent. Mais en 1596 cette tranquillité fut de nouveau compromise par un tragique événement.

Le prince de Condé, Louis III de Bourbon, s'étant
présenté dans les premiers mois de 1596, sur le soir,
en compagnie des siens, à la porte de Linas, (la porte
Baudry), quelques bourgeois de Montlhéry prirent peur
de sa venue tardive ; ils se hâtèrent de fermer les

portes et, dans leur précipitation, blessèrent un des gentilshommes du prince. Ce dernier s'en plaignit au roi, et par sentence du prévôt de Paris, confirmée par le Parlement, la porte fut démontée et la herse enlevée; c'était la plus grande humiliation que l'on pût imposer aux habitants d'une ville que de lui enlever ses portes. Quelque temps après, à la recommandation même du prince que ceux de Montlhéry parvinrent à fléchir, ils obtinrent, par lettres patentes du roi en date du 3 mars, la permission de rétablir la porte et la herse, à la condition « de se contenir fidèlement en l'obéissance du roi. » Jérôme Le Maistre, petit-fils de l'ancien prévôt de Montlhéry, fut commis par la cour du Parlement pour l'exécution de l'arrêt et, pour cela, il vint exprès de sa propriété de Bellejambe dans l'auditoire de Montlhéry. Il fit enregistrer ces lettres de grâce à la requête de Louis Guignard, syndic des habitants de Montlhéry, qui s'engagea, avec le procureur du roi, à faire payer aux fauteurs du désordre qui avait été commis l'amende à laquelle ils avaient été condamnés. La porte et la herse furent remises en place le 25 juin 1596.

Quelque temps après, le vendredi 19 juillet 1596, toutes les cloches de Montlhéry sonnaient de joyeuses volées; c'était Henri IV qui y faisait son entrée avec le légat Alexandre Octavien de Médicis, plus tard pape sous le nom de Léon XI, qui lui apportait l'absolution et la bénédiction apostolique. Le roi était allé, avec les plus grands seigneurs de sa cour, à sa rencontre jusqu'à Chartres, emmenant avec lui le duc de Mayenne qui, disait-il, « avait aussi grand besoin que lui d'une bonne absolution. » Le cortége

s'arrêta pendant quelque temps dans Montlhéry, où
beaucoup de prélats français vinrent saluer le légat du
pape.

C'est sous le règne de Henri IV, le 15 septembre
1603, que furent délivrées les lettres patentes du roi
qui autorisaient Jérôme Le Maistre, seigneur de Bellejambe, à prendre les pierres du château de Montlhéry
pour élever sa maison de Bellejambe, l'entourer de
fossés, la clore de murs. Ce Jérôme Le Maistre était
petit-fils de Geoffroy Le Maistre [1] qui avait été prévôt
de Montlhéry, de 1512 à 1546; d'abord conseiller au
Parlement, il devint plus tard président de la quatrième
chambre des enquêtes. Il avait rendu quelques services
au roi Henri qui l'en récompensa. Son fils Louis Le
Maistre, conseiller d'État, hérita de sa terre de Bellejambe, mais ses jambes étaient petites et fort grêles, ce
qui allait mal à sa qualification de seigneur de Bellejambe et prêtait à rire; pour y obvier, il obtint du roi
des lettre-patentes par lesquelles il lui fut permis de
changer son nom de *Bellejambe* en celui de *Bellejame*.
La terre de Bellejame existe encore en son entier à
1 kilomètre à l'ouest de Montlhéry, à l'entrée de la
vallée de Marcoussis [2].

Armand Duplessis, évêque de Luçon, plus tard cardinal de Richelieu, avait acquis la terre et comté de
Limours qui relevait de Montlhéry; n'ayant pu s'en-

---

1. Un autre des fils de ce Geoffroy Le Maistre, Gilles Le Maistre,
dit *Magistri*, fut premier Président au Parlement de Paris; il possédait le fief du Montillon-lèz-Montlhéry. Les Le Maistre avaient alors un
bel hôtel dans la ville, près de l'église paroissiale. Voir la note p. 39.

2. Voir notre *Histoire de Marcoussis*, pages 285 à 295.

tendre avec François de Balsac d'Entragues, seigneur engagiste de la comté et châtellenie, il eut recours à la reine Marie de Médicis, sa bienfaitrice; il obtint d'elle, en 1603, que le domaine de Montlhéry fût de nouveau mis en vente, et se le fit adjuger sous le nom de Catherine de Médicis. C'est ainsi qu'il devint le septième seigneur engagiste de Montlhéry. Mais en 1627 le roi Louis XIII, voulant accroître l'apanage de son frère Gaston, acheta du cardinal de Richelieu son comté de Limours et retira celui de Montlhéry pour les réunir au duché de Chartres. Gaston d'Orléans devint donc seigneur engagiste de Montlhéry et il conserva la terre et le comté jusqu'à sa mort, arrivée en 1660.

Les prévôts ou sous-baillis qui se succédèrent à Montlhéry pendant cette période furent : en 1602, Christophe Bagereau; en 1640, Jean Bagereau; en 1650, Michel Le Routier, et après lui François de Dinan. Ce dernier était avocat au Parlement; après avoir acheté la charge de prévôt de son prédécesseur, il reçut du roi, en 1658, son brevet sur la présentation de Gaston d'Orléans qui l'avait agréé; il fut ensuite installé par un conseiller au Châtelet. C'était un homme sage et instruit qui chercha à mettre de l'ordre dans les archives de la châtellenie. Nous avons sous les yeux un résumé, écrit de sa main, dans lequel, à la suite d'une rapide introduction historique, il énumère les droits, priviléges, revenus et charges de la châtellenie de Montlhéry. Les principaux officiers qui le secondaient à cette époque étaient : Pierre Martin, procureur du roi, Jacques Lhéritier, adjoint aux enquêtes, Pierre Marchal, substitut du procureur du roi, et Bligny, receveur des Contributions. Un des premiers soins de

François de Dinan avait été de faire réparer en 1659 la geôle et l'auditoire. Ces lieux, témoins de la justice seigneuriale, étaient plus que tous autres sujets aux dégradations à cause de leur service journalier. La salle de l'auditoire était tendue « aux armes de France, » c'est-à-dire que sur un fond bleu se détachait un semis de fleurs de lys d'or. Au-dessus du siége du prévôt on lisait cette sentence :

Meminerit se Deum habere testem.

Après la mort de Gaston d'Orléans le roi Louis XIV, par lettres-patentes en date du 19 juin 1662, laissa à Marguerite de Lorraine, sa veuve, la jouissance et l'usufruit des domaines de Montlhéry et de Limours, mais celle-ci, par contrat passé devant Lecarron et Galois, notaires au Châtelet de Paris, le 29 juillet 1662, fit rétrocession de ces mêmes domaines, à l'exception du château de Limours qu'elle voulait habiter, à Guillaume de Lamoignon, premier président au Parlement de Paris, qui devint ainsi le dixième seigneur apanagiste de Montlhéry.

Il peut être intéressant pour l'histoire de voir quels étaient à cette époque les droits et les charges des seigneurs engagistes des comtés de Montlhéry et de Limours, voici comment le prévôt François de Dinan les énumère : « En conséquence appartiennent au dict seigneur premier président tous les revenus et émoluments des dicts comtés, mesme de nommer aux offices, tant ordinaires qu'extraordinaires, pour y estre par le roi pourveu sur la nomination, et tous les profits tant casuels que ordinaires provenans des dicts offices ainsi qu'il est expressément porté par les dittes lettres et contracts, et arrêts de vérification d'icelles. Par le quel contract promet le dict seigneur premier président, et s'oblige de satisfaire par luy aux charges ordinaires et locales de l'un et de l'autre des dicts comtés à la descharge de Sa Majesté, et autres ci-dessus mentionnées, et nommément de payer par chacun an tant pour les gages que pour les charges locales, les sommes qui ensuivent : sçavoir au capitaine du dict chasteau de Limours et des chasses, pour ses gages et appointements, 1000 livres; à luy pour les gages de quatre valets, y compris leur nourriture, pour nettoyer le dit chasteau et blanchir le linge 9000 livres; à luy pour sa pension comme capitaine 2000 livres; à deux portiers du dict chasteau, à raison de 100 livres chacun, 200 livres; à deux jardiniers des parterres et jardins du dict chasteau, à raison de 275 livres chacun, 550 livres; au vitrier pour l'entretien des vitres du dict chasteau, 300 livres; à deux gardes des chasses et plaisirs du dict Limours, 300 livres pour les deux; à trois gardes des dittes chasses et plaisirs du dict Limours, 300 livres pour eux trois; à deux gardes des chasses de Montlhéry, à raison de 100 livres chacun, 200 livres; au capitaine du château du dit Montlhéery pour ses gages, six-vingt-cinq livres; au prévost du dict Montlhéery, 25 livres; au procureur du roi 25 livres; au gruyer de Séquigny, 15 livres; au sergent de la ditte gruerie, 15 livres; et pour les charges locales, pour l'entretienement de la lampe devant le Saint-Sacrement, de l'hostel en la paroisse de Limours, 9 livres ; au sieur curé de Limours pour dédommagement des dixmes sur quelques terres enfermées dans le parq de Limours, 50 livres; au prieur de Nostre-Dame-de-Saint-Simon, 50 livres; au

collége des Cholets, 50 livres; aux religieux de Longpont, 13 livres 10 sous; aux religieuses de la Ferté-
Alais, 13 livres 5 sous; aux Mathurins de Paris, 13
livres; au chapelain de Saint-Louis à Montlhéery, 22
livres, et aux chanoines de Sainct-Médéric de Linois,
250 livres. Revenant toutes les dictes sommes à 2549
livres payable au jour et feste de saint Jean-Baptiste
de chacune année. »

Nous venons de dire les droits et les charges du
seigneur engagiste dans la seconde moitié du xviie siècle;
voyons maintenant quels étaient les revenus du comté
de Montlhéry; le bail fait à M. Josias de Rouen, le 12
mars 1640, par Gaston, duc d'Orléans, nous le fera
connaître. Ce bail afferme pour six années, moyennant
2500 livres, les revenus du comté, consistant en : « le
revenu du dict comté au greffe civil et criminel de la
prévosté du dict Montlhéery, celui des prestations et
doublement d'icelles, le tabellionnage de la dicte prévosté et châtellenie, les cens, rentes, lots et ventes,
saisines et amendes, quints et requints, rachapts et
profits de fiefs, les aubaines, confiscations, épaves et
déshérences, les droits de péage, forage et perçage;
ensemble les droits cachez et recelez, qui se pourront
trouver dans le dict domaine et comté de Montlhéery;
les défauts et amendes qui s'adjugeront tant à la justice
du dict Montlhéery que de la forêt de Séquigny; le
greffe des prestations de la justice du dit Séquigny, les
droits du sceau du dit lieu; les droits de scel et parisis
aux contracts de la ditte prévosté et châtellenie du dict
Montlhéery, à la charge de payer par le dict de Rouen,
scavoir : au capitaine du chasteau du dict Montlhéery
six-vingt-cinq livres pour ses gages; à Messieurs les

prévost et procureurs du Roi, 25 livres chacun pour
leurs gages ; au gruyer de Séquigny et sergent de la
gruerie, chacun 15 livres ; aux religieux de Longpont,
13 livres de rente ; aux religieuses de Villiers-lès-la-
Ferté-Alais, 13 livres, 5 sous, 5 deniers ; aux Mathurins
de Paris, 15 livres, le tout de rente ; au chapelain de
la chapelle Saint-Louis, à Montlhéery, 22 livres, 10 sous
pour les messes qu'il est tenu de dire au dict lieu ; aux
chanoines de Saint-Médéric de Linois 250 livres de
rente ; revenans touttes les dittes sommes, ensemble,
à 679 livres, 5 sous, 5 deniers, et outre de payer par
l'adjudicataire les frais de publication et présente adju-
dication. Se réservant la ditte altesse la moitié de tous
les droits de rachapts, quints et requints, et se char-
geant de tous les frais des procès criminels. »

Si l'on veut bien remarquer que le seigneur engagiste
et le fermier du domaine de Montlhéry devaient chacun
trouver profit à leur marché ; que les officiers de la
comté et châtellenie devaient également trouver quelques bénéfices dans l'accomplissement de leurs charges,
qu'en outre le roi avait aussi ses droits qui se tradui-
saient en tailles et impôts, que l'église prélevait encore
sa dime et ses redevances, on conviendra que le sort
des bourgeois, manants (*manentes*, demeurants) et
artisans, en un mot de tous les justiciables de Montlhéry,
n'était pas très-enviable, et on jugera de l'importance
et de la nécessité des réformes que 1789 devait intro-
duire. Ajoutons qu'en outre du roi, du seigneur engagiste et de leurs officiers, Montlhéry avait encore bien
d'autres seigneurs censiers, c'étaient : les chanoines de
Linas, les religieux Célestins de Marcoussis, les religieux Bénédictins de Longpont, le seigneur de Ville-

bousin, cessionnaire de l'abbaye des Vaux de Cernay, le Commandeur du Déluge, le seigneur du Plessis-Sebbeville (aujourd'hui le Plessis-Pâté), le prieur de Saint-Pierre et Saint-Laurent de Montlhéry, représenté par le curé de la Trinité, le seigneur du fief de Fromont près de Ris, et le seigneur de Guillerville. Tous percevaient un revenu fixe sur des maisons de la ville, et souvent le propriétaire d'une même maison était censitaire de deux et même de trois de ces seigneurs.

Pendant les troubles de la Fronde, Montlhéry fut de nouveau exposé aux exactions des bandes armées qui couraient le pays, et les habitants durent plus d'une fois chercher un refuge, non plus dans le vieux château qui n'était plus habitable, mais bien dans celui de Marcoussis.

A la mort de Guillaume de Lamoignon, en 1677, sa veuve devint dame de Montlhéry et conserva la comté et châtellenie jusqu'en 1696. A cette époque, et le 18 juillet, Jean Phélippeaux, conseiller d'État, intendant de la généralité de Paris, devint seigneur de Montlhéry par engagement moyennant 6600 livres; il devait jouir de tous les titres honorifiques qui se rattachaient au domaine.

Au haut de la montée de Linas, à droite de la route, en allant vers Châtres (Arpajon), il existait depuis plusieurs siècles une maladrerie avec une chapelle de saint Lazare. Ce petit hôpital qui était destiné à recevoir les *ladres* ou lépreux de seize paroisses voisines, savoir : Linas, Montlhéry Longpont, Saint-Michel, Sainte-Geneviève, *Licyæ* (Lisses et mieux Lices), Escarchon, Ver-le-Grand, Ver-le-Petit, Saint-Pierre et Saint-Philbert de Brétigny, la Ville-du-Bois, Marcoussis, les Molières, Limours, Janvrys et Forges, jouissait de quelques biens et revenus, mais il tombait alors en ruines. Le 30 août 1697, ces biens furent réunis à l'Hôtel-Dieu de Montlhéry, et plus tard on abattit les vieux bâtiments ruinés de Saint-Lazare pour élargir la route d'Orléans.

Du reste l'Hôtel-Dieu de Montlhéry, fondé par Louis VII, avait aussi ses revenus particuliers; en 1576, la recette montait à 164 livres tournois et la dépense à 152 livres 1 sol; plus tard, en 1660, elle était évaluée à 500 livres de rente plus certaines dîmes en nature. Pendant plusieurs années, cet Hôtel-Dieu fut confié à un administrateur qui était à la nomination du grand-aumônier de France et qui devait, tous les ans, rendre compte de sa gestion à la Chambre de Charité chrétienne.

En novembre 1701, Philippe d'Anjou, petit-fils de Louis XIV, se rendait en Espagne où il allait régner sous le nom de Philippe V; traversant avec son cortége Montlhéry, les habitants et ceux des environs le reçurent en habits de fête, au son des cloches et au bruit de la mousqueterie. Le curé de Montlhéry, Louis Chanceau, natif d'Orléans, se présenta devant lui pour le haranguer. « Sire, lui dit-il, les longues harangues sont incommodes et les harangueurs ennuyeux, ainsi je me contenterai de vous chanter :

Tous les bourgeois de Châtres et ceux de Montlhéry
Mènent fort grande joye en vous voyant ici;
Petit-fils de Louis, que Dieu vous accompagne
Et qu'un prince si bon,
Don, don,
Cent ans et par delà,

Là, là,
Règne sur les Espagnes ! »

Le futur monarque, enchanté du zèle chansonnier du digne curé, lui cria : « Bis, monsieur l'abbé ! » Celui-ci obéit et répéta son couplet avec encore plus d'entrain. Le roi lui fit donner en sa présence dix louis; le curé les ayant reçus dit à son tour : « Bis, sire ! » et le roi trouvant le mot plaisant fit doubler la somme[1]. C'est ce même curé qui, en 1716, dans la 28e année de ses pieuses fonctions, consacra les fonts baptismaux que l'on remarque encore dans l'église; ils avaient été sculptés par Charlemagne Bodin, né à Montlhéry même.

Vers cette même époque le grand chemin d'Orléans qui passait plus près du Plessis-Saint-Père, à la Croix-Saint-Jacques, fut redressé, élargi, continué au-dessous de Montlhéry jusqu'à Linas, et les voitures ne furent plus obligées de passer par Montlhéry dont la descente du côté de Linas était si dangereuse[2].

Le nombre des habitants de Montlhéry était d'ailleurs

1. D'autres attribuent le couplet au curé de Châtres. Il paraît du reste que les habitants de Montlhéry et de Châtres avaient pour habitude d'associer leurs compliments et leurs condoléances. Nous avons vu une petite plaquette in-12 imprimée à Paris, sans date, mais probablement vers 1727, ayant pour titre : *Compliment fait au roi par les bourgeois de Châtres et ceux de Montlhéry sur l'heureux accouchement de la reine.*

2. C'est aussi vers cette époque, en 1706, que l'abbé Pajot, conseiller au Parlement, seigneur de Saint Michel-sur-Orge, obtint de la gruerie de Montlhéry la permission de faire construire un pont de pierre sur l'Orge, entre les deux moulins de Basset et de Groteau, pour faciliter le moyen d'aller de Montlhéry à Saint-Michel, « attendu que le pont de bois était rompu et n'avait pu servir aux gens de pied. »

beaucoup accru, en 1709, on comptait dans la ville 250 feux, c'est-à-dire environ 1000 habitants. L'église paroissiale était devenue insuffisante, l'église du prieuré Saint-Pierre du château menaçait ruine, la chapelle Saint-Louis était détruite; c'est alors qu'en 1708 le procureur du roi de Montlhéry, J.-B. Bodin Desperrières ou des Perriers, fit ériger dans le bas de la Grand'rue, avec les débris de sept petites tours des premières enceintes du château qui était considéré alors comme une carrière de pierres inépuisable, la nouvelle chapelle de Notre-Dame de l'Assomption; elle devait être desservie par deux chapelains[1].

En 1720, Châtres était érigé en marquisat et prenait le nom de son nouveau seigneur, le marquis d'Arpajon. Quelque temps après, en 1739, le 23 août, une ordonnance réunissait à l'église paroissiale les 12 feux qui relevaient encore du prieuré Saint-Pierre, paroisse du château, qui fut alors abandonné. Le curé de Saint-Pierre, Jean Saugé, se prêta de bonne grâce à cette réunion, et les habitants ne se réservèrent que le droit de sépulture dans l'ancien cimetière Saint-Pierre. Au commencement de ce siècle l'église Saint-Pierre existait encore; on y voyait réuni le prieuré Saint-Laurent, également établi dans le château et datant de plusieurs siècles. « Aujourd'hui (1757), dit l'abbé Lebeuf, Saint-Pierre et Saint-Laurent ne forment qu'un seul bâti-

---

1. Son portail était accompagné d'une tour carrée; elle fut bénite par M. d'Orsanne, archidiacre de Josas, le 20 octobre 1709, et portait le titre de : Chapelle royale de l'Assomption de Montlhéry. Pierre de Maillé, sieur Desperrières, officier de Madame la Duchesse de Berry, et sans doute parent du fondateur, y fut inhumé le 14 mai 1726. Aujourd'hui elle sert d'atelier à un charron.

ment, n'y ayant qu'un mur commun qui les sépare. Saint-Laurent, qu'on appelle le Prieuré, est du côté septentrional; c'est une espèce de grande chapelle où il n'y a plus rien d'ancien que le portail, qui est du XIIe ou du XIIIe siècle, et dont le sanctuaire seulement est voûté. Saint-Pierre est comme un reste méridional de l'ancien prieuré; cette petite église est toute voûtée à l'antique,... il y a au frontispice une tour très-basse. » Nous avons pu voir en 1842 les fondations de cette double église à l'entrée, à gauche du chemin qui conduit à la tour; aujourd'hui son emplacement est converti en vignes, et des pierres des fondations on a construit un petit mur de soutènement. En face de Saint-Pierre s'élevait la maison priorale qui était accompagnée d'un jardin et d'une vigne mesurant deux arpents. Le cimetière Saint-Pierre et le cimetière Notre-Dame ou de la Trinité, qui étaient derrière les deux églises, furent fermés en 1740, époque à laquelle on ouvrit, près de la porte de Paris et à côté de l'ancien cimetière dit des Bourguignons, le cimetière actuel.

En 1747, Jean-Louis Phélippeaux, chevalier, mestre-de-camp de cavalerie, succéda à son père en qualité de seigneur engagiste de Montlhéry; il prenait habituellement le nom de comte de Montlhéry et tirait du domaine environ 4,000 livres de revenus. Il mourut à Paris le 13 septembre 1763. Il avait transporté les comté, châtellenie, justice et domaine de Montlhéry à Philippe de Noailles, duc de Mouchy, qui en fut le dernier seigneur engagiste. Cette vente avait été faite moyennant une rente annuelle de 1500 livres. Le comte de Noailles n'entra en possession qu'en 1764, encore eut-il à repousser les prétentions du marquis de Gouflier dont la fille mineure prétendait des droits sur la succession Phélippeaux ; il fallut lui payer 72704 livres, plus 2212 livres d'intérêts. A son entrée en possession, le comte de Noailles fit dresser, le 17 septembre 1764, un procès-verbal de l'état du château, de l'auditoire, de la chapelle en dépendante, des halles et des autres bâtiments du domaine de Montlhéry, par le sieur Danjan, expert. Quelques années après, en 1772, le comte de Noailles devenait propriétaire du domaine et comté de Montlhéry par un échange qui eut lieu entre lui et le roi. On conserve aux Archives de l'Empire [1] le procès-verbal de la consistance, visite, prisée et estimation de ce domaine qui fut dressé sur les lieux du 25 mai au 1er septembre suivant.

Le château offrait alors le triste aspect d'une ruine abandonnée et délaissée. Voici ce que disent à son sujet les commissaires : « Le 9 juin nous nous sommes transportés à la dite Tour, que nous avons trouvée en ruines et *hors d'état d'en faire aucun usage*. Sous l'emplacement de la dite tour nous y avons reconnu des vestiges d'anciennes fortifications entièrement détruites; lesquelles fortifications paraissent avoir environné l'élévation sur laquelle se trouve située la dite Tour, et depuis la destruction desquelles le terrain a été défriché.

« Ce fait, nous avons procédé à la visite et reconnaissance des fossés et remparts de la ville, en commençant par la porte dite de Montlhéry (la porte vers Saint-Michel), à l'extérieur, et nous avons reconnu que la dite ville est entièrement enceinte de murs, déboulés

---

1. Section administrative, Carton T, 194 [6].

dans plusieurs parties et flanqués de plusieurs bastions (tours), dont quelques uns ont été détruits ; nous avons aussi reconnu les vestiges de l'emplacement des dits fossés, à l'extérieur, encore incultes du côté de la porte de la ville, dite la porte de Paris. »

Montlhéry prenait d'ailleurs un certain accroissement. Depuis que les voitures qui suivaient le grand chemin d'Orléans n'étaient plus obligées de passer par la ville, le droit de péage avait été transporté de Montlhéry à Linas ; il était affermé pour une somme de 3500 à 4000 livres par an, tandis que celui de Montlhéry ne rapportait guère plus de 150 à 200 livres.

En 1757 on avait abattu, sur la requête des habitants, la porte de Paris qui empêchait les voitures chargées de récoltes de pénétrer dans la ville ; les halles furent réparées et couvertes ; enfin les fossés furent convertis en jardins ; le 24 juin 1767 le comte de Noailles louait ceux qui s'étendaient de la porte de Paris à la porte de Montlhéry ou de Longpont et, le 27 janvier 1771, ceux qui allaient de la porte du Montoire à la mare ou abreuvoir de la rue Luisant. Une partie de ces fossés fut cédée par le comte de Noailles, par bail emphythéotique, à l'abbé Gilbert Charlemagne Gaudet, prêtre, chapelain de St-Louis en la chapelle royale de l'Assomption de Montlhéry, et professeur au collège de Montaigu.[1]

1. A l'expiration de ce bail, le duc de Mouchy actuel, revendiquant les droits de propriété de son aïeul, a donné à la ville de Montlhéry l'emplacement de ces anciens fossés depuis la porte de Paris jusqu'à la chapelle Notre-Dame de l'Assomption (aujourd'hui propriété privée) à la condition qu'elle y établirait un boulevard qui porterait le nom de Mouchy. — Le bail emphythéotique dont nous venons de parler est à Versailles, aux Archives de Seine-et-Oise. Section *Noailles*.

Montlhéry ne possédait pas d'édifices publics dignes d'être signalés, à l'exception de son Hôtel-Dieu et de son auditoire (aujourd'hui la mairie, rebâtie), mais il y avait quelques maisons remarquables par leur ancienneté ou leur destination; telles étaient : derrière l'église de la Trinité, le fief ou manoir de Montpipeau, appartenant autrefois, avec la Motte, aux seigneurs du Plessis-Pâté; à l'extrémité de la rue des Juifs et près de la porte de la Borde (de Montlhéry ou de Longpont), le fief et la maison des Carnaux ou des Créneaux, demeure seigneuriale dont les murs étaient crénelés; le fief de Guillerville, dans la Grand'rue; le fief de Christophe de Saulx, dans la rue du même nom. A l'entrée de la ville, du côté de Linas, on voyait la maison de la reine Blanche; les Célestins de Marcoussis avaient un hôtel rue Christophe de Saulx; le Commandeur du Déluge possédait également dans la ville un hôtel et plusieurs maisons qu'il louait à des particuliers; l'une de ces dernières est encore reconnaissable, rue Pavée ou de la Borde, aujourd'hui rue de la Tour, à l'écusson armorié à la croix de l'ordre du Temple qui surmonte sa petite porte cintrée. La famille des Le Maistre, originaire de Montlhéry, les prieurs de Longpont, avaient aussi leurs habitations en ville. Ces principaux *logis* devaient autrefois se distinguer du reste des maisons de Montlhéry; aujourd'hui il faudrait un œil bien exercé pour les reconnaître après leurs différentes transformations. Cependant, de loin en loin, la base d'une tour à escalier, une fenêtre divisée par des meneaux de pierre, des restes de moulures de pierres ouvragées, des caves d'une solidité singulière, d'une étendue inconnue, font rêver l'histo-

rien et l'archéologue sur la destination primitive de
quelques maisons.

L'hôtel du Minage, pour le mesurage et l'impôt des
grains, était sur la place du Marché; les boucheries
étaient dans la Grand'Rue. A la rencontre de la rue
Souliers-Judas, de la rue du Four (aujourd'hui des
Deux-Anges) et de la vieille rue qui longeait le marché,
là où était le carrefour Souliers-Judas, bien mieux à
propos appelé carrefour des Quatre-Vents, s'élevait une
haute maison où pendait l'enseigne des Quatre-Vents;
il y ventait fort en tout temps et en toute saison.

Montlhéry était surtout une ville de passage, une
étape forcée du *grand chemin du Roi* qui menait à
Paris; aussi y voyait-on de nombreuses hôtelleries et
des cabarets, principalement dans la Grand'Rue, aujour-
d'hui rue de la Chapelle. C'étaient: l'hostel de l'Image
Notre-Dame dont les dépendances, par derrière,
allaient jusqu'à la rue aux Chats; l'hostel Saint-Nico-
las qui tenait à la geôle et, par derrière, à la rue du
Château, aujourd'hui rue Gaucher-Laurée et de la Pru-
d'hommerie; puis venaient les maisons du Cheval
rouge, du Cygne, du Dauphin, du Chapeau rouge, de
l'Écu de France, de l'Image Sainte-Catherine et
l'Image Saint-Martin. Rue Souliers-Judas pendaient
les enseignes de la Galère et de la Croix de Fer.

Les maisons du marché étaient plus particulièrement
occupées, comme de nos jours, par le commerce de
détail. Quelques rues portaient d'autres noms que ceux
que nous leur voyons aujourd'hui. Nous avons déjà
dit que la rue de la Chapelle s'appelait la Grand'Rue,
la rue de la Ferronnerie ou des Ferronniers qui de la
porte de Paris conduisait au marché, portait le nom de

rue du Marché; la rue des Deux-Anges, où se trouvait autrefois le four banal, s'appelait rue du Four; la rue Notre-Dame, la rue aux Piliers; elle devait ce nom à une grande maison d'habitation élevée sur de forts piliers de pierre, qui est désignée dans un titre de 1352 sous le nom de fief des Piliers de la haute maison. La rue de la Tour s'appelait rue de la Borde et aussi rue Pavée; la rue Gaucher-Laurée et sa continuation prenaient le nom unique de rue du Château; la rue de la Souche le nom de rue du Montoire ou de Marcoussis. Une petite rue allait du carrefour de derrière l'église à la rue Souliers-Judas en longeant l'hôtel-Dieu, toujours sale et infecte on lui avait donné le nom de rue du Fient; enfin la rue de la Poterie, ainsi que nous l'avons déjà dit, n'est autre que la rue de la Poterne du Château; la rue des Bourdels ou Bourdais, l'impasse des Berthes, des Tourains ou des Dubois, durent, comme la rue relativement toute moderne de Maillé, leur nom à des familles du pays dont nous avons retrouvé trace dans nos recherches.

Le prévôt de Montlhéry, à l'aide de ses sergents, veillait d'ailleurs au maintien de la tranquillité publique et à l'exécution des ordonnances de police communale.

Il était défendu de s'assembler et de causer sous les cloches, à la porte et dans l'église pendant l'office divin et pendant la prédication, sous peine de 10 livres d'amende.

Les cabaretiers et hôteliers ne pouvaient donner à boire et à manger les dimanches et fêtes, excepté aux passagers, sous peine de 6 livres d'amende.

Ils devaient fermer leur porte et cabaret à 9 heures du soir dans l'hiver, depuis la Toussaint jusqu'à Pâques;

et à 10 heures le reste de l'année, sous peine de 6 livres d'amende. Ils ne pouvaient recevoir aucun mendiant ni vagabond sous peine de six livres d'amende.

Il était défendu de s'attrouper.

Nul marchand ne pouvait vendre de mauvaise marchandise sous peine de 10 livres d'amende et de confiscation. Il était défendu d'avoir des lapins privés sous peine de 4 livres d'amende.

Un boucher ne pouvait avoir chez lui plus de 50 bêtes à laine, excepté dans les mois de septembre et d'octobre où ils pouvaient en avoir 60, à cause des vendanges, sous peine de 10 livres d'amende pour la première fois, et de confiscation de l'excédant pour les autres.

Il paraît que les habitants de Montlhéry ne vivaient pas toujours en bonne intelligence avec ceux de Linas, témoin une ordonnance de police rendue par le prévôt de Montlhéry, à la date du 6 septembre 1654, qui faisait défense aux habitants de Montlhéry et de Linas de s'attrouper et de se battre, et qui ajoute que « pour l'avoir fait les délinquants seront constitués prisonniers [1]. »

Cependant comme Montlhéry et Linas prenaient chaque jour un nouvel accroissement, il avait été plus d'une fois question de mettre fin aux petites rivalités des deux paroisses en les réunissant en une seule commune. On peut voir à ce sujet aux archives de Seine-et-Oise un mémoire sur l'utilité de l'exécution des édits d'août 1764 et mai 1765 à Montlhéry, où ils n'en

---

1. Inventaire manuscrit des titres de la comté et châtellenie de Montlhéry.

ont reçu aucune, sur l'utilité et les avantages de l'union et de l'incorporation du bourg de Linas ou Linois à la *Ville de Montlhéry*, pour ne composer qu'une seule ville et comunauté, avec distinction de *Ville haute* et de *Ville basse*[1].

La fin du dernier seigneur de Montlhéry est bien digne de pitié. Le maréchal de Mouchy, comte de Noailles, avait épousé la fille de Louis de Séverac, marquis d'Arpajon; à la mort de ce dernier, la comtesse de Noailles, son unique héritière, apporta à son mari Arpajon, Saint-Germain, la Bretonnière, tout ce qui constituait le marquisat de récente création (1720). Le maréchal songeait à réunir ces terres à son domaine de Montlhéry pour le faire ériger en duché, faveur que les services qu'il avait rendus au roi et au pays devaient rendre certaine lorsque éclata la Révolution française. Tous les biens du maréchal de Mouchy, comte de Noailles, furent confisqués, plus tard vendus comme biens nationaux, et parmi eux tout ce qui constituait l'ancien domaine de Montlhéry. Arrêtés pendant la Terreur, le maréchal et sa femme, malgré les souvenirs de bienfaisance qu'ils laissaient dans le pays, furent trainés de prison en prison et, le 17 juin 1794, leur tête tombait sur l'échafaud révolutionnaire.

Pendant les premières années du règne de Louis XVI, les habitants de Montlhéry, profitant du mouvement général des idées, s'étaient plusieurs fois réunis en assemblée publique pour aviser à leurs intérêts sociaux et politiques. Ces assemblées étaient présidées par le prévôt François Lorgery, avocat au Parlement. Le

1. *Archives de Seine-et-Oise*, fonds Noailles, E, 2730.

24 janvier 1789, ils se réunirent de nouveau pour rédiger le cahier de leurs doléances, plaintes, vœux et remontrances, qui devait être présenté aux États-généraux du royaume qui allaient bientôt s'ouvrir et décider du sort de la nation française. Parmi les améliorations réclamées, il en est quelques unes que nous retrouvons avec unanimité dans tous les cahiers du Tiers-État. Citons : la suppression de tous les impôts et leur remplacement par un impôt proportionnel réparti selon les fortunes ; suppression des droits d'aides, de gabelle, etc. ; destruction des lapins dans les bois de remises, et les pigeons enfermés pendant le temps des semailles et des moissons ; réformation des codes civil et criminel et diminution des frais de justice ; suppression des priviléges et des offices privilégiés ; suppression des milices ; unification des poids et mesures ; enfin, ce qui devait plus particulièrement intéresser les gens de Montlhéry, défense de vendre le blé dans les fermes, obligation de toujours le conduire au marché. Les notables qui signèrent, avec le prévôt Lorgery, ce cahier des doléances, contenant 31 articles, étaient : Huard, Alorge, Aufray, Saunier, Bachelier, Blin, Charbonneau, Chevalier, Marquant, Moulin et Clozeau [1].

Lors de l'établissement de la nouvelle division de la France en départements, arrondissements ou districts et cantons, Montlhéry, d'accord avec Linas, adressa, au mois d'août 1789 et de janvier 1790, une requête à

---

1. *Archives parlementaires*, t. IV, 1789. — Cahier des remontrances et doléances du Tiers-État de la ville de Montlhéry, p. 730 à 732, in-8°, 1868.

l'Assemblée nationale pour obtenir l'établissement d'un district dans la ville et d'un tribunal de justice. Les motifs que les habitants firent valoir étaient les suivants :

1° L'antiquité de Montlhéry et celle de son domaine, l'un des plus beaux de la Couronne.

2° Son titre de capitale d'un ancien comté, d'une ancienne châtellenie, qui comprennent plus de cinquante paroisses.

3° Sa situation agréable et d'ailleurs centrale entre la capitale, Versailles et Etampes, dont elle est à égale distance de six lieues.

4° La salubrité de l'air qu'on y respire.

5° Sa conjonction avec le bourg de Linas qui doit les faire considérer comme un seul lieu.

6° Leur population qui se porte de trois à quatre mille âmes, et sept à huit cents feux.

7° L'importance de son marché, surtout en grains.

8° La résidence des officiers de justice.

9° L'existence d'un hôtel de justice, d'archives très-anciennes [1] et très-intéressantes, de prisons sûres et saines, d'un préau bien aéré.

10° Son ancien titre de chef-lieu d'un département pour les impôts directs et d'une subdélégation.

11° Son facile accès de toutes parts par la communication de plusieurs grandes routes.

---

1. Au moment de la Révolution, ces archives qui, pour la plupart, étaient en la possession de la famille de Noailles, furent transportées à Versailles. Elles forment aujourd'hui aux *Archives de Seine-et-Oise* un fonds important sous le titre : *Noailles, cartons E* 2691 à *E* 2735. Elles ont été mises en ordre par les soins de MM. Mévil Sainte-Marie et G. Desjardins, archivistes du département.

12° La réunion des avantages relatifs aux établisse-
ments publics, aux assemblées et aux logements.

13° Le grand et important inconvénient de sa ruine
entière si sa demande était rejetée, parce qu'il ne lui
resterait plus d'autre ressource que son marché qui,
en périssant avec elle, dévouerait ses malheureux habitants à la plus affreuse misère et en obligerait un grand
nombre à s'expatrier [1].

Il ne fut pas fait droit à la requête des habitants de
Montlhéry et de Linas; on plaça bien, le 28 pluviose
an VIII (1800), le chef-lieu du canton à Montlhéry;
malheureusement des considérations contraires aux
intérêts de la petite ville firent rapporter ce décret, et,
le 3 brumaire an X (25 octobre 1802), le chef-lieu de
canton fut reporté à Arpajon.

Un philosophe a dit : « Heureux les peuples qui
n'ont pas d'histoire! » C'est le cas des habitants de
Montlhéry depuis la grande révolution de 1789 : après
tant de vicissitudes, ils n'ont plus d'histoire. Ils se
sont dès lors appliqués à développer leur bien-être
moral et matériel par des institutions utiles, par le
travail, par le commerce. Montlhéry est aujourd'hui
une des communes du canton d'Arpajon et de l'arron-
dissement de Corbeil; la superficie cadastrale de la
commune est de 328 hectares 41 ares; sa population qui,
au commencement du siècle, était à peine de 1200
habitants, est aujourd'hui de 2020. Le commerce des

---

1. Exposé succinct des motifs sur lesquels la ville de Montlhéry et le
bourg de Linois demandent à l'Assemblée nationale l'établissement d'un
district et d'un tribunal de justice. *Bibliothèque impériale*, pièce in-4°,
L K [7], n° 5070.

blés, des farines, des grains; l'alimentation de la capitale en beurre, en œufs, légumes, primeurs, sont pour elle des sources très-productives de revenus. Les fromages blancs salés et égouttés, dits fromages de Montlhéry, sont en grande réputation à Paris dans la classe moyenne et les ménages d'ouvriers; ils forment l'objet d'un commerce annuel que l'on n'évalue pas à moins de 80,000 francs.

Le marché du lundi attire à Montlhéry un grand concours de cultivateurs, de fermiers, de négociants en grains; c'est un des principaux marchés qui fixent le prix des mercuriales pour la capitale. Ce jour-là il faut voir l'activité, le mouvement, la gaîté même qui règnent dans la ville. Le jeudi matin se tient un autre marché pour les approvisionnements en denrées alimentaires.

Montlhéry doit à son admirable position une réputation séculaire de salubrité; le chemin de fer d'Orléans conduit presque à ses portes; on vient d'y établir le télégraphe électrique; bientôt la ville sera dotée de fontaines et la lumière du gaz y remplacera celle des antiques réverbères; elle aura ainsi : l'air, l'eau, le gaz, la vapeur, l'électricité, ces agents qui de nos jours contribuent si puissamment à la rénovation des cités et au bien-être de leurs habitants.

E Forest — D'apres une Photographie de V. pereau

Tour de Montlhery
1870.

CHAPITRE IV

LE CHATEAU DE MONTLHÉRY,

SA DESCRIPTION, SES RUINES, SON PANORAMA.

Pour terminer notre œuvre, il nous reste à conduire le lecteur à l'ancien château, à la Tour comme on dit aujourd'hui, à en faire la description et enfin à dire l'état actuel de ses ruines.

C'est par la rue de la Poterne que l'on arrivait devant la barrière du château, après avoir laissé à sa gauche la *Motte de Montlhéry,* butte artificielle qui mérite d'arrêter un instant nos regards. Des savants ont cru y reconnaitre une tombelle gauloise, un *tumulus,* tandis que d'autres veulent y voir la *motte* sur laquelle aurait été, selon un usage consacré au Xᵉ siècle, élevé le premier château de Montlhéry, simplement composé alors d'une tour protégée par une chemise ou enceinte circulaire crénelée[1]. Ce serait cette tour, dont une

---

1. **A.** Duchalais, *Mémoire archéologique sur la tour de Montlhéry,* p. 14.

partie était peut-être en bois, qui aurait été l'objet des
attaques dont parle Suger dans sa vie de Louis-le-Gros.
Nous ne nous prononcerons ni pour l'une ni pour
l'autre des deux hypothèses, mais ce qui est plus certain, c'est que cette motte, composée de pierres et de
sable rapportés, est très-ancienne, et que dès le xiii[e]
siècle, sous Philippe-Auguste, elle est désignée comme
formant un fief particulier, relevant des seigneurs du
Plessis-Paté ou Pasté ; elle n'a donc pas été élevée en
une nuit, celle qui précéda la bataille de Montlhéry en
1465, comme le veut encore une tradition locale, par
les royalistes pour protéger l'entrée du château contre
les Bourguignons. La motte de Montlhéry dut d'ailleurs
être autrefois bien plus considérable qu'aujourd'hui ;
chaque année voit décroître son importance, par suite
des intempéries du temps, par les éboulis causés par
les visiteurs et les jeux des enfants ; enfin par les
labours et les empiètements des cultures voisines.

Une fois qu'on avait franchi la lourde barrière de
bois qui protégeait l'approche de la porte du château,
on avait devant soi quatre terrasses échelonnées en
amphithéâtre, les unes au-dessus des autres. Chacune
de ces terrasses formait une enceinte fortifiée d'une
même largeur, mais d'une profondeur inégale, à l'exception de la quatrième qui formait un pentagone irrégulier, de telle sorte qu'avant d'atteindre la grande tour
ou donjon, il fallait franchir quatre enceintes[1] munies
chacune de fossés, de pont-levis, de portes, et protégées

---

1. D'autres disent cinq, l'inspection topographique des lieux permet
de n'en reconnaître que quatre, à moins que la première, la plus vaste
de toutes, celle qui était à l'entrée, ait été divisée en deux.

par d'épaisses murailles garnies de tours aux angles.

On reconnaît encore aujourd'hui cette disposition primitive du sol étagé en terrasses successives. Un professeur de topographie de l'École polytechnique, M. Bardin, en a fait en 1843 un levé remarquable qui figure aujourd'hui parmi les modèles de son cours[1].

Quand on avait franchi le pont-levis et la porte de la première enceinte, on se trouvait dans la basse-cour ou bayle du château ; on avait à gauche le prieuré Saint-Pierre et Saint-Laurent, et à droite, la maison priorale dont les vignes étaient en dehors de l'enceinte. Ainsi que nous l'avons dit plus haut, cette petite église n'avait rien de remarquable ; elle a été détruite au commencement de ce siècle ; Millin en a donné une représentation dans ses *Antiquités nationales*. L'emplacement en est d'ailleurs parfaitement indiqué aujourd'hui par un petit clos de vignes dont les murs de soutènement proviennent des fondations mêmes de l'église. Cette première enceinte devait renfermer des bâtiments pour les gens attachés au service des seigneurs ou du capitaine du château, des écuries, des étables, des granges ; c'était également dans cette première enceinte que se retiraient en temps de guerre les habitants du bourg avec ce qu'ils avaient de plus précieux. La seconde et la troisième enceinte étaient d'une étendue bien plus restreinte, et on n'y voyait que quelques petites constructions sans importance, si l'on en excepte du moins la chapelle Saint-Louis, élevée à gauche de l'entrée de la troisième enceinte, et dont on reconnaît

1. Bardin, *la Topographie enseignée par des plans-reliefs et des dessins*. Montlhéry au 1 2000e. Voir notre plan du château.

aujourd'hui parfaitement l'emplacement à l'arrasement du sol. Cette chapelle, que saint Louis avait élevée en 1254, à son retour de la croisade de Damiette, peut-être à la place même de l'église primitive de Notre-Dame du château, dont on ne sait absolument rien, subsista jusqu'au temps des guerres de religion, époque où elle fut ruinée. Elle se composait d'une seule nef voûtée en bois et éclairée par une grande fenêtre en ogive trilobée, placée au-dessus de l'autel vers l'orient, ainsi qu'on en peut juger d'après la vue qu'en a donnée Claude Chatillon vers 1604 [1].

La partie la plus forte du château, la véritable forteresse, était la quatrième enceinte qui couronnait l'esplanade. Sa forme était celle d'un pentagone irrégulier, à chacun des sommets duquel s'élevait une tour. La grosse tour par excellence, *le Donjon*, formait le principal sommet de ce polygone. Les murs des courtines qui reliaient les cinq tours entre elles n'avaient pas moins de six pieds d'épaisseur. On pénétrait dans cette enceinte comme dans les précédentes, par un pont-levis et une porte, mais cette porte formait ici un pavillon carré qui renfermait un corps de garde et une chambre dans laquelle se trouvait le treuil qui servait à lever et à baisser une herse en fer qui protégeait la porte.

A gauche, en entrant, on voyait un puits très-profond servant de citerne et qu'alimentaient aussi les pleurs d'une source située aux deux tiers de sa profondeur. Puis venaient des galeries formées par des arcades à

---

1. *Topographie française* de Claude Chastillon : *Veue du chasteau et antianne ruisne de Monthellry.* — Voir notre gravure.

plein cintre surbaissé ; ces galeries permettaient d'aller,
à couvert de l'ennemi, le long des courtines du côté de
l'orient. Sous ces galeries étaient les cuisines, la buan-
derie, dont on distingue encore le foyer et la conduite
des eaux ménagères.

C'est à droite, en entrant, le long de la courtine qui
regardait la ville, que se trouvaient les bâtiments d'habitation. C'étaient, au rez-de-chaussée, deux grandes
salles, l'une de 60, l'autre de 30 pieds, qu'une rangée
de colonnes ou plutôt de piliers ronds dont on voit
encore quelques assises supportait dans le sens du
milieu de leur largeur. Ces deux grandes salles prenaient
principalement jour sur la cour ; au-dessus, devaient se
trouver des chambres ou greniers. On voit encore
distinctement aujourd'hui, près de l'entrée de la cave [1],
le palier et la première marche de l'escalier qui devait
conduire à l'étage supérieur. Entre la petite salle et le
donjon, on avait construit, sans doute à une époque
postérieure, un petit bâtiment dont on reconnaît encore
le sol ou l'aire battue.

On pouvait faire le tour des murailles du château, à
l'intérieur, en suivant le chemin de ronde, ménagé sur
l'épaisseur des courtines, et sur les galeries dont nous
avons parlé. On voit encore dans la tour à droite, la
plus voisine du donjon, une des portes de communication qui permettaient de gagner ce chemin de ronde.

Les quatre petites tours d'angle étaient de dimen-
sions restreintes ; chacune de leurs chambres, qui
n'avaient pas plus de six à sept pieds de diamètre, ne

1. Voir page 22 ce que nous avons dit de cette cave à propos de
saint Louis.

pouvait contenir, pour la défense, plus de trois hommes placés à chacune des trois archères ou meurtrières qui l'éclairaient. Au-dessous des deux tours qui avoisinaient la porte d'entrée, il y avait un étage souterrain, une cave, une oubliette, peut-être, dans laquelle on ne pouvait pénétrer qu'à l'aide d'une échelle descendue par une trappe qui s'ouvrait dans le plancher du rez-de-chaussée. Ces tours paraissent avoir eu deux étages, peut-être trois, mais pas plus; on voit encore, à celle de gauche en entrant, dans le voisinage du puits, le palier et la première marche de l'escalier qui permettait d'accéder aux étages supérieurs. C'est une erreur de croire qu'elles avaient soixante pieds de hauteur et qu'elles dépassaient de beaucoup les courtines, comme on l'a figuré dans certaines gravures.

La Tour ou Donjon, *la Maîtresse Tour*, comme on disait encore, avait six étages, compris le rez-de-chaussée; les deux premiers étaient voûtés, les arceaux de leurs voûtes retombaient sur des consoles, et le plan de leurs chambres était hexagonal; les quatre autres avaient des plafonds en charpente et étaient carrés. Le rez-de-chaussée servait de magasin, on y voit encore l'emplacement d'un moulin à bras; on y pénétrait par une porte ogivale à tympan dissimulé à l'extérieur, et une poterne munie d'une herse permettait de descendre à la ville par un sentier escarpé. De ce rez-de-chaussée on gagnait l'étage supérieur à l'aide d'un escalier engagé dans l'épaisseur du mur à gauche de la porte d'entrée. Cette pièce du premier étage était la principale de la tour; elle prenait jour sur la campagne par deux ouvertures carrées, flanquées à droite et à gauche de bancs en pierre pris dans l'épaisseur des murs; elle était chauffée par une grande cheminée adossée au mur qui regardait l'intérieur du château. A gauche de cette cheminée, une porte donnait sur un petit réduit où se trouvait un cabinet d'aisances pris dans l'épaisseur du mur. La salle du premier étage dut être autrefois ornée de tapisseries et même de peintures; il en restait encore quelques traces à la fin du XVIIe siècle, lorsque après la disgrâce de Fouquet le bon Lafontaine, son ami, son défenseur, se rendit en exil en Limousin[1]. Une autre porte donnait dans cette même salle, elle y conduisait du petit escalier en vis de Saint-Gilles que renfermait la tourelle accolée, du côté de la ville, au donjon, et qui, à partir du premier étage où elle se terminait en encorbellement, desservait chacun des quatre étages carrés de la tour et conduisait à la galerie des machicoulis et à la plate-forme supérieure. Du

---

1. « On laisse, en sortant de Bourg-la-Reine, Sceaux à droite et, à quelques lieues de là, Chilly à la gauche, puis Montlhéry du même côté. Est-ce Montléry qu'il faut dire ou Mont-le-Héry? C'est Mont-le-Héry quand le vers est trop court et Montléry quand il est trop long. Montléry donc ou Mont-le-Héry, comme vous voudrez, était jadis une forteresse que les Anglais, quand ils étaient les maîtres de la France, avaient fait bâtir sur une colline assez élevée; au pied de cette colline est un bourg qui en a pris le nom.

« Pour la forteresse, elle est démolie, non point par les ans; ce qui en reste, qui est une tour fort haute, ne se dément point, bien qu'on en ait ruiné un côté. Il y a encore un escalier qui subsiste et deux chambres où l'on voit des peintures anglaises; ce qui fait foi de l'antiquité et de l'origine du lieu.

« Voilà ce que j'ai appris de votre oncle qui avoit entré dans les chambres, pour moi, je n'en ai rien vu. »

Voyage en Limousin, août 1663. 6e lettre de Lafontaine à sa femme. On voit que le bon Lafontaine n'était pas bien ferré sur son histoire de France.

dehors, on accédait à cette tourelle par une porte que
l'on voit encore aujourd'hui, à cinq à six mètres environ du sol, et qui donnait sur la courtine du côté de la
ville.

On pouvait donc de la cour intérieure, de l'esplanade du château, joindre le chemin de ronde de la
courtine et gagner l'escalier de la tourelle. Arrivé là,
en montant quelques degrés, on rencontrait à droite un
réduit où était le jeu de la herse de la poterne, et à
gauche la porte de la grande salle hexagonale. De ce
même point, une autre bifurcation de l'escalier, prise
dans l'épaisseur du mur, conduisait au même cabinet
d'aisances situé derrière la grande cheminée.

En continuant à monter la vis d'escalier, on arrivait
à chacun des quatre étages carrés et à la plate-forme
qui couronnait la tour. La première chambre, qui
semble avoir été une des principales chambres de la
Tour, avait, comme la grande salle située au-dessous,
une cheminée et un cabinet d'aisances situé dans
l'épaisseur du mur, derrière la cheminée. Pour donner
un peu plus d'étendue à ces deux cabinets qui étaient
l'un au-dessus de l'autre, on avait établi, sur des consoles, une petite avancée, espèce de balcon couvert ou
de moucharaby, percé de fenêtres sur la cour; on voit
encore au dehors de la tour les deux grandes ouvertures
que formaient ces balcons couverts et les arrachements
des pierres en saillie qui les fermaient; les sièges
d'aisances étaient à droite de ces ouvertures; à la
gauche s'ouvrait la porte du cabinet; elle était contiguë
au chambranle de gauche de la cheminée[1]. Les deux

---

1. En 1843, au risque de nous rompre le cou, alors que le donjon

autres étages carrés qui étaient au-dessus de celui-ci avaient également une cheminée ; le dernier n'en avait pas. Les fenêtres de ces quatre étages offraient cette disposition particulière qu'elles étaient pratiquées dans les angles des pièces et, comme leur élévation les mettait à l'abri des traits de l'ennemi, elles étaient plus grandes que celles de l'étage inférieur. L'une d'elles permettait de passer sur les machicoulis et d'y établir au besoin des hourds, ou chemins couverts en charpente, à l'aide desquels on pouvait surveiller le pied des murailles de la tour. Plus tard, vers la fin du XVᵉ siècle, lorsque l'on eut couvert la plate-forme de la tour d'un toit conique (en poinçon, comme on disait alors), on ménagea un autre chemin de ronde au pourtour de la toiture, et l'on y accédait encore par l'escalier à vis de la tourelle qui se terminait en échauguette.

Qu'on essaie de rétablir par la pensée l'antique manoir des sires de Montlhéry dans son état primitif, avec ses quatre enceintes fortifiées, s'étageant les unes au-dessus des autres, ses nombreuses tours, ses ponts-levis, ses herses, et son donjon surveillant la campagne à sept lieues à la ronde, on comprendra quelle confiance en leur force, quel orgueil même, il devait donner à ses possesseurs ; on comprendra les craintes que ses maîtres inspirèrent aussi bien à la royauté qu'au pauvre marchand qui suivait sur sa mule le grand chemin d'Orléans ; on comprendra enfin la renommée dont il jouit pendant tout le moyen-âge. C'était bien, comme

n'était pas accessible comme il l'est aujourd'hui, nous nous sommes hissés jusqu'au cabinet du premier étage et avons pu en reconnaître la disposition.

l'a dit Joinville, « un fort château, *au cœur de France ;* » pour s'en emparer, il fallait l'aborder de front et faire successivement le siége de chacune de ses enceintes ; la dernière était en état de résister à une armée entière, et quand bien même l'ennemi s'en serait emparé, il restait encore le donjon, la grande tour, dans laquelle une poignée de braves pouvait trouver un refuge et tenir jusqu'à la dernière extrémité. La famine et la trahison pouvaient seules avoir raison des défenseurs d'une telle forteresse, et c'est en effet dans ces conditions qu'elle a pu tomber au pouvoir de ceux qui l'assiégeaient.

On trouve dans la *Topographie française* de Claude Châtillon trois vues qui sont les plus anciennes que l'on connaisse du château de Montlhéry ; elles sont indiquées sous ces titres dont nous respectons l'orthographe : *Chasteau et antianne ruisne de Monthellry. — Chasteau de Monthellry, passaige notable, — Monthellry en son aspeq méridional.* Ces trois vues, sauf une erreur évidente de l'auteur dans la première, donnent une parfaite idée de ce qu'était la forteresse féodale vers 1610. On y reconnaît les bâtiments de la dernière enceinte ou de l'esplanade et les ruines de la chapelle de Saint-Louis dans la précédente. Depuis, ces ruines ont bien des fois exercé le pinceau ou le crayon des artistes. Au moment de la Révolution, elles étaient, à bien peu de choses près, dans le même état où nous les voyons aujourd'hui. La grande tour resta longtemps accessible, mais il s'y commit des désordres et on dut en fermer l'entrée par une grille. Les enfants du pays en faisaient le théâtre de leurs jeux, et l'on raconte même que quelques uns, une fois parvenus au sommet, prenaient

LE CHASTEAV~ ET~ ANTIANI~ RVISNE~ DE~MONTELLRY

PAR CHASTILLON

D'après une gravure de Chastillon (1610)

plaisir à en faire le tour à l'extérieur en sautant d'une
console des machicoulis à l'autre; il y en eut qui
payèrent de leur vie une aussi téméraire entreprise.

La Tour de Montlhéry a de tout temps reçu de nombreux visiteurs, parmi ces derniers on cite : 1822, le
comte d'Artois, depuis Charles X, et la duchesse
d'Angoulême; 1828, le duc de Bordeaux; 1847, le
comte de Paris et la duchesse d'Orléans. La situation
de la tour l'avait d'ailleurs fait choisir en 1822 par
MM. Prony, Arago et Mathieu pour un des signaux
de leurs expériences sur la vitesse du son; la même
cause fit élever en 1825, sur son esplanade, une des
stations télégraphiques de la grande ligne d'Espagne.
Le télégraphe de Montlhéry recevait les signaux de
celui de Fontenay-aux-Roses et les transmettait à la
station de Torfou; il a été détruit après l'adoption de
la télégraphie électrique.

La famille de Noailles prétendait à la propriété de la
tour et de ses dépendances; elle entama, à la Restau-
ration, une revendication judiciaire contre l'État, mais
après un long procès elle fut déboutée de sa demande
et, le 5 avril 1842, fut dressé le procès-verbal de la
prise de possession de la tour par l'État. Elle fut alors
classée parmi les monuments historiques et confiée à
la garde de la ville de Montlhéry dont l'administration
municipale[1] fit, en juillet 1842, l'acquisition des terrains
voisins qui dépendaient autrefois du château pour les
convertir en une agréable promenade. C'est celle que

---

1. Nous sommes heureux de citer ici le nom de M. Étienne Saintin
sous l'administration municipale duquel eurent lieu ces heureuses transformations.

nous voyons aujourd'hui ; elle présente sur la campagne environnante d'admirables points de vue et des horizons qui vont se perdre dans un lointain brumeux.

A ceux de nos lecteurs qui aiment les renseignements précis et que les chiffres n'effraient pas, nous dirons que la tour de Montlhéry est à une distance de 24111 mètres ou, en nombres ronds, de 24 kilomètres du Panthéon ; sa position astronomique est par 48° — 37' — 69" de latitude septentrionale, et 0° — 3' — 5" de longitude occidentale du méridien de Paris. La colline sur laquelle elle repose a 137 mètres d'élévation au-dessus du niveau de la mer, et sa hauteur est de 31 mètres (30 m. 36) ; sa plate-forme est donc à 168 m. au-dessus du niveau de la mer, et à environ 100 mètres au-dessus des plaines environnantes[1].

Au niveau du sol, la tour de Montlhéry a un diamètre extérieur de 9 m. 86 et un diamètre intérieur de 5 m. 04 ; ses murs ont une épaisseur moyenne de 2 m. 40. Vers les trois quarts de sa hauteur et au-dessus de la ligne des consoles destinées à soutenir les mâchicoulis, le diamètre de la tour diminue et l'épaisseur des murs n'est plus que de 1 m. 20.

Les petites tours ont un diamètre extérieur de 7 m. 40 à 7 m. 80 et un diamètre intérieur de 3 m. 30 à 3 m. 40. Les courtines ou murs d'enceinte qui relient les tours entre elles ont une épaisseur moyenne de 2 m. 25, mais du côté de la ville elles paraissent avoir eu une moindre épaisseur. Les murs et les tours ont leur

1. Le sol du Panthéon est à 58 mètres au-dessus du niveau de la mer et cet édifice a 79 mètres de hauteur ; son sommet est donc à 137 mètres au-dessus du niveau de la mer, et le sommet de la tour de Montlhéry, qui est à 168 mèt., le domine par conséquent de 31 mètres.

base construite en talus; les pierres de grès qui forment
ces bases sont en grand appareil, mais elles vont toujours en diminuant de grosseur à mesure qu'elles
s'élèvent. Les tours étaient entièrement construites en
pierres de taille en grès. Quant aux murs, à partir de
six ou huit pieds du sol, ils étaient bâtis en moëllons
de différentes grosseurs, soutenus de distance en
distance par des assises de grès qui remplissent ici le
même office que les assises de briques dans les murailles
romaines de la décadence. Le ciment qui lie les pierres
entre elles est un composé de sable et de gravier assez
gros, mêlé de chaux et de charbon.

Le puits a 71 mètres de profondeur; le fond repose
sur des marnes calcaires magnésiennes; à 52 mètres,
base des sables de Fontainebleau, est une faible nappe
aquifère dont les pleurs intermittents tombent goutte à
goutte au fond. Il avait été comblé, par prudence, à
l'époque de la démolition des bâtiments du château,
au xviie siècle; lorsqu'il y a vingt ans on le déblaya, on
y a trouvé des bois de cerf, quelques ossements
humains, des boulets de pierre, un vieux canon brisé,
avec son boulet encore engagé dans la portée, et aussi,
dit-on, quelques bijoux et des monnaies qui dispa-
rurent. Quant à la colline sur laquelle repose la tour,
elle montre à sa surface des blocs de grès erratiques,
les sables et les grès marins de Fontainebleau, au-
dessous s'étage la série des terrains tertiaires reposant
sur la craie de Meudon et sur la marne calcaire magné-
sienne.

« Les environs de la tour de Montlhéry, dit Dulaure[1],

---

1. La notice consacrée à Montlhéry dans l'*Histoire des environs de*

présentent les ruines des murs et des tours qui la
protégeaient ; quelques unes de ces ruines sont encore
debout, d'autres sont à ras de terre. On remarque
surtout les restes d'une de ces tours, située au nord,
dont la hauteur est d'environ 30 pieds au-dessus du
sol ; elle est percée d'outre en outre, et son ouverture
irrégulière, faite évidemment de la main des hommes[1],
laisse à travers ces tristes restes de construction féodale apercevoir le tableau riant des campagnes. Le
mur d'enceinte opposé au sud, en grande partie debout,
offre une ouverture régulière qui sert de cadre à un
pareil tableau. » Nous pensons que ces deux ouvertures
n'avaient été pratiquées autrefois que pour faire ébouler
jusqu'en bas de la colline les pierres provenant de la
démolition du château.

Aujourd'hui, on accède à la plate-forme de la Tour
par l'escalier pris dans l'épaisseur du mur, à gauche
de l'entrée ; il conduit au premier étage ; on traverse
sur une passerelle la voûte effondrée sur laquelle
reposait le sol de cet étage et l'on s'engage dans l'escalier de la tourelle qui desservait les autres étages. Du
haut de cette plate-forme, on jouit, lorsque le temps
est pur, d'un magnifique panorama. A ses pieds, au

Paris de Dulaure, édition in-8°, donnée en 1838 par J.-L. Belin,
avocat, est une des mieux faites de l'ouvrage. M. Belin l'avait amé-
liorée et complétée à l'aide de bons renseignements.

1. En 1842, lorsqu'on fit des réparations au château après son classe-
ment parmi les monuments historiques, on régularisa cette ouverture
avec des briques et on lui donna la forme ogivale. Elle regarde la vallée
de Marcoussis. Il est bien regrettable que pour faire ces réparations,
celles du haut de la tourelle de l'escalier et celles des murs, on n'ait
pas employé une pierre grisâtre, s'harmonisant avec le reste de l'édifice, à la place des briques qui font ici le plus triste effet.

nord-nord-ouest, c'est la petite ville de Montlhéry dans
les maisons et les jardins de laquelle le regard pénètre
indiscrètement; au-delà de la longue ligne droite que
forme le pavé de la route d'Orléans, les côteaux couverts de vignes et couronnés de bois des Luisants, des
Petits-Champs et de la Ville-du-Bois, le rocher de
Saulx-les-Chartreux qui s'avance comme un cap dans
la plaine de Longjumeau dont les maisons sont cachées
dans un pli du terrain, et, dans les brumes de l'horizon, les côteaux de Sceaux, de Fontenay-aux-Roses,
de Bagneux; enfin, dans la direction même de la route
d'Orléans, et un peu sur la droite, Paris dont on
distingue les principaux édifices : le Panthéon, le Val-
de-Grâce, les tours de Notre-Dame et, au dernier
plan, les pentes blanchâtres de Montmartre avec la
petite tourelle de Solferino qui les couronne. Un peu
plus au nord et vers le nord-est, on a au-dessous de
soi la plaine de Longpont dont on distingue l'église
légendaire et les premières maisons, les hauteurs de
Villebousin, le grand hospice de Vaucluse, les hauteurs
de Villemoisson, de Savigny, la haute plaine de
Morangis, le nouvel aqueduc d'Arcueil dont on aperçoit les arches, assises sur l'ancien aqueduc, qui doivent
porter à Paris les eaux de la Vanne; enfin, Villejuif et,
au-delà, les hauteurs brumeuses de Belleville, de Cha-
ronne, de Montreuil et de Fontenay-sous-Bois. A l'est,
le regard suit d'abord la route de Versailles à Corbeil
qui passe par Saint-Michel, laissant sur la gauche le
parc et le beau château de Lormoy et la forêt de Sainte-
Geneviève ou de Séquigny, Fleury-Mérongis et son
beau parc, la plaine d'Orangis où l'on reconnait encore
l'aqueduc des eaux de la Vanne; les hauteurs de Viry,

les teintes noirâtres de la forêt de Sénart et les côteaux
de la rive droite de la Seine entre Draveil et Étiolles,
enfin, à l'extrême horizon, dans la direction de Cour-
couronnes, l'extrémité des clochers de Corbeil et, sur
les hauteurs, le village de Saint-Germain. Un peu au
sud-est, on suit entre Saint-Michel et Brétigny la riante
vallée de l'Orge que côtoie le chemin de fer d'Orléans ;
au-delà, les plaines si riches du Plessis-Pâté, de Bondoufle, de Vert-le-Grand, les collines isolées de Montaubert et de Vert-le-Grand, hautes, l'une de 123 m.
et l'autre de 120 m. ; dans leur direction, on aperçoit à
l'extrême horizon les teintes sombres de la forêt de
Fontainebleau [1].

Au sud, on a immédiatement à ses pieds le gros
bourg de Linas dont les maisons s'alignent sur les
deux côtés de la route d'Orléans ; un peu à droite, voici
le clocher de Leuville dont les vignes sont renommées,
les belles prairies et les moulins de l'Orge, le parc de
Chanteloup et la route d'Orléans qui continue son
inflexible ligne droite jusqu'au-delà d'Arpajon qui est
caché par un pli de terrain ; à l'extrême horizon, sont
les hauteurs de la Ferté-Alais, d'Orgemont, de Lardy,
de Torfou et de Saint-Yon.

La vue est bornée au sud-ouest par le promontoire
que forment en s'avançant vers Leuville les hautes
plaines de Couard et les bois du Fay, mais à l'ouest,
entre ces côteaux et la haute plaine de Nozay que

---

1. Quand on sait la position des lieux, on reconnaît parfaitement, à
l'aide d'une lunette, le cap élevé que forme le belvédère du Fort de
l'Empereur. De ce dernier point, nous avons très-bien vu la tour de
Montlhéry devant laquelle s'interposait la butte isolée de Vert-le-Grand.

terminent les pentes des Luisants, des Petits-Champs et de la Ville-du-Bois, on voit la belle et riche vallée de Marcoussis, couverte d'arbres fruitiers. La vue s'étend de ce côté jusqu'à six à huit kilomètres, successivement sur les hameaux de Guillerville, de Choinville, du Houssaye, sur le parc de Bellejame, Marcoussis et ses écarts, le tout encadré par une riante ceinture de bois, ceux du Fay, du Déluge, des Charmeaux, du Grand-Parc, de la Magdeleine ; à l'extrême horizon enfin, on distingue le château de Beauregard et la ferme de la Grange-aux-Moines.

De l'esplanade du château on a presque la même vue, surtout lorsque l'on connaît la direction générale des lieux et les points de repère qui en signalent la position.

Cette rapide esquisse du panorama dont on jouit du haut de la tour de Montlhéry ne peut, naturellement, donner qu'une bien faible idée du magnifique tableau qu'il présente. Il faut le voir quand le ciel est pur et dégagé de nuages : de préférence après que la pluie a lavé l'air, l'a purifié, lui a rendu toute sa transparence.

On sait que c'est de la tour de Montlhéry que Boileau fait sortir le hibou, un des héros de son *Lutrin*, il parle de :

Mille oiseaux effrayants, mille corbeaux funèbres
De ces murs désertés habitant les ténèbres....

Aujourd'hui les murs de la Tour de Montlhéry ont perdu ces tristes hôtes et, au moment où nous écrivons, de paisibles ramiers aux blanches ailes y abritent leurs timides amours.

7

La Tour de Montlhéry a plus de huit siècles d'existence et, sans doute, elle bravera longtemps encore les atteintes des ans. Dernier jalon de la féodalité, sa vue n'évoque plus comme autrefois des pensées de servitude et de souffrance. Ce n'est plus qu'un gigantesque témoin qui marque désormais le chemin que l'humanité a fait dans la voie du Progrès et de la Liberté!

ADDITIONS

ET PIÈCES JUSTIFICATIVES.

I.

SIRES OU COMTES DE MONTLHÉRY.

1. Thibaut File-Étoupe, sire de Montlhéry et de Bray-sur-Seine.
2. Guy Ier, sire de Montlhéry et de Bray.
3. Milon Ier le Grand, sire de Montlhéry et de Bray.
4. Guy II Troussel.
5. Milon II de Bray, vicomte de Troyes.
6. Hugues de Crécy, seigneur de Crécy et de Gometz.

II.

PRÉVOTS ROYAUX DE MONTLHÉRY[1].

1230. Jean de Bretigny.
1250. Pierre de Guillerville.
1280. Jean Thiboust.
1317. Guillaume de la Chapelle.

---

1. Il y eut à Montlhéry trois sortes de Prévôts : les Prévôts à la garde de la châtellenie, les Prévôts à ferme ou redevance annuelle, et les Prévôts à titre d'office.

1326. Thomas Beschepoix.
1340. Geoffroy Lemoine.
1342. Adam Liers.
1344. Guillaume Beaufrère.
1345. Jean Emamart.
1347. Pierre de Neuville.
..... Philippe de Saint-Yon.
1353. Nicolas Le Cornu.
1354. Foulques l'abbé.
1354. Guillaume Chartier.
1355. Foulques l'abbé.
1358. Robert Roussel de Chailly.
1362. Pierre de la Neuville.
1366. Clément Dure.
1367. Guillaume De la Croix.
1379. Laurent Dure.
1380. Martin Chartier.
1390. Jean Giroust.
1395. Jean Pilault ou Pilant.
1400. Guillaume Séguier.
1401. Guillaume Mitel.
1402. Guillaume Asiel.
1403. Michel Beschepoix.
1404. Gervais Bourge.
1405. Etienne Guépin ou Guespin.
1407. Guillaume Mitel.
1409. Jean Boelle.
1409. Jean Chartier.
1412. Guillaume Séguier.
1415. Etienne De la Croix.
1417. Oudart Chrestien.
1438. Guillaume Le Roy.
1448. Michel Asselin.
1449. Jean de l'Isle.
1450. Gervais de Buzy ou Buzye.
1450. Blaise Moslé.

1452. Henri Granchet ou Grangier.

1452. Jacques Lucas.

1454. Guillaume Chartier.

1460. Gervais de Buzy.

1460. Laurent Charron.

1465. Asselin.

1469. Gervais de Buzy.

1470. Pierre de Chaulnes.

1472. Jean Charron.

1474. Gervais de Buzy.

1476. Jean Charron.

1482. Denis Cochin.

1488. Jean Charron.

1490. Denis Cochin.

1493. Laurent le Charron.

1497. (à 1530) Geoffroy Le Maistre.

1511. Jean Regnault, ou Renaud.

1552. (à 1558) Jacques Lucas.

1570. Guillaume Rahier ou Royer.

1581. (à 1602) Jean Porteau.

1602. Christophe Bagereau.

1640. Jean Bagereau (son neveu).

1650. Michel Routier.

1658. François de Dinan.

..... Jean Fontaine.

1726. Antoine de Fayolle.

1789. François Lorgery.

III.

SEIGNEURS ENGAGISTES DE MONTLHÉRY.

1. 1529. François d'Escars, seigneur de la Vauguyon.
2. 1543. Claude de Clermont, comte de Dampierre.
3. 1545. Le chancelier François Olivier de Leuville.
4. 1574. Le chancelier René de Birague.

5. 1575. François de Balsac d'Entragues.
6. 1586. François de Balsac d'Entragues (11 juillet).
7. 1603. Armand Duplessis de Richelieu.
8. 1629. Gaston, duc d'Orléans.
9. 1660. Marguerite de Lorraine (sa veuve).
10. 1672. Guillaume de Lamoignon.
11. 1677. Madame de Lamoignon.
12. 1699. Jean Phélippeaux.
13. 1747. Jean-Louis Phélippeaux.
14. 1756. Le comte de Noailles, maréchal de Mouchy.
15. 1772. Le comte de Noailles devient propriétaire de la seigneurie et comté de Montlhéry par échange avec le Roi.

IV.

C'est la déclaration des Fiefs du Chastel et chatellenie de Montlhéry et des fiefs et arrière-fiefs tenus et mouvants en fief foy et hommage du Roy, notre Sire, à cause de sa dite châtellenie de Montlhéry appartenant au Roy notre Sire, dont est capitaine seigneur Monseigneur Messire Louis, chevalier, seigneur de Piennes, conseiller du Roy et chambellan du dit Seigneur, à cause des dits chastel et châtellenie de Montlhéry; qui ont été tiré du papier et régistre ancien des dits fiefs de Montlhéry daté de l'an 1352.

Et ont été extrait par moy Pierre d'Aillans, seigneur de Balainvilliers et de Launay, les Festes de Pasques de l'an de Grâce 1482, en la présence de S' Jean Lemaître, Od' *au dit lieu pour le Roy notre Sire, et pour mon dit seigneur de Piennes et de Montlhéry en la forme et manière qui suit :*

MONTLHÉRY. — Et premierement les Tour et Châtel de Montlhéry, avec le Donjon, forteresse et basse-cour du dit lieu, étant au domaine du Roy, de luy tenu en fief et foy et

hommage, à cause de sa couronne de France; au quel fief,
tour et châtel de Montlhéry appartient plusieurs beaux droits
et autres choses cy-après déclarées;

A sçavoir : les forêts et garennes tout à l'entour du dit
Chasteau de Montlhéry qui sont plantez en bois et bornez,
contenant soixante arpents ou environ;

Item. — Les cens dus au Roy au dit Chastel de Montlhéry,
qui se reçoivent par le péage, le jour Saint-Jean Baptiste,
montant à la somme de...;

Item. — Les rouages et foirages en et sur tous les hôtes
et sujets du dit seigneur au dit lieu de Montlhéry, et amendes
de LX sous à cause d'iceux rouages et foirages non payez
en tems deus;

Item. — La Prévosté de Montlhéry qui se baille à ferme
par chacun an le jour de la Trinité;

Item. — Le clergé et greffe de Montlhéry qui se baille à
ferme pareillement.

Item. — Le tabellionage et écritures de Montlhéry qui se
baille pareillement.

Item. — La pelleterie de Montlhéry pareillement.

Item. — La geole et prisons de Montlhéry pareillement.

Item. — Le marché de Montlhéry tous les lundis de l'an.

Item. — La foire de Montlhéry qui se souloit tenir à
Saint-Ladre de Montlhery le jour de la Saint-Matthieu.

Item. — La foire qui se tient le jour de la Saint-Lucas.

Fiefs, arrière-fiefs, Chastels, Manoirs et Seigneuries tenus et
mouvants en fiefs, foy et hommages des chastel et chatellenie de Montlhéry.

Le fief de la Motte de Montlhery avec la haulte justice.

Le fief des pilliers de la haulte maison de Montlhéry.

Le fief de Monpipeau derrière l'église Notre-Dame de
Montlhéry.

Le fief des Carneaux, au dit Montlhéry.

Le fief de dessous le Chastel du dit Montlhéry.

Le fief de Christophe de Saux assis au dit Montlhéry.

Le fief des Cens Communs de Montlhéry qui furent aux Bons-Enfants de Paris qui se reçoivent par chacun au devant la Croix du dit Montlhéry.

Le fief auditoire et geôle où sont les prisons assis en la Grand'Rue de Montlhéry, du domaine du Roy et des appartenances du dit chastel.

Le fief et hostel du minage de Montlhéry que l'on dit être assis en la Grande Rue qui fut à la chapelle Notre-Dame d'Herbelaye, contenant ce qui en suit :

Le fief de Montlhéry contenant quatre arpents de préz en la prairie d'Orge lès la chaussée de Guipéreux.

Le fief de Montlhéry qui fut à Louis de Brétigny, près le cimetière.

Les fiefs et Etat de la Sergenterie fieffée et hérédital et Gruyer de Montlhéry qui se soulloit tenir à Chastres.

Les chastel, seigneurie et châtellenie de Chilly et Longjumeau.

Les chastel et seigneurie de Bruyères le Chastel.

Les chastel, seigneurie et châtellenie de Villiers lès la Ferté-Aleps.

La terre et seigneurie de Duison près la Ferté-Aleps.

AUTRES PETITS FIEFS.

Le fief qui fut Henry de Glaise scis au Bois Serpin.

Le châtel et châtellenie de Bièvre-le-Chastel.

Les seigneurie et baronnie de Saint-Yon.

Un autre fief contenant la moitié de la seigneurie de Saint-Yon.

Le fief et manoir de Moret.

Le fief de la Briche, près Saint-Sulpice.

Le fief des Lices en la paroisse de Corbeil.

Les seigneurie et baronnie de Saint-Vrain de Torcy.

Les seigneurie et baronnie du Plessis-Pasté.

La haute justice du Plessis-Pasté.

Les seigneurie et baronnie de Viry.

Les fief et manoir de Chouanville clos à eaux.

Les chastel, haulte-justice et seigneurie de Marcoussis.

Les chastel et seigneurie de Bryis.

Le fief de la Grange dimeresse de Bryis, avec cinq arpents de terre.

Le chastel et seigneurie de Chastres, avec la haulte-justice.

Le fief de la Cousture de Marolles.

Le fief et manoir d'Eglis.

Le fief de la Norville.

Le fief, tour et manoir de Fourcon avec le moulin Fourcon qui fut au Roy.

Le fief et manoir du Cochet.

Le fief et manoir de la Honville et ses appartenances.

Le chastel et seigneurie de la Bretonnière.

Un autre fief qui a tenu Jean Duval Cochet.

Un autre fief au dit de Cochet.

Un autre fief et manoir tenu du Roy contenant huit-vingt livres de rente sur la terre et seigneurie de la Bretonnière.

Les fief et seigneurie d'Athis.

Les fief et seigneurie du Breuil et Epinay.

Un autre fief contenant manoir, cour, coulombier et jardin au dit Breuil en la Rue.

Les fief et seigneurie de Villemoisson.

Les fief et seigneurie de Morsang-sur-Orge.

Les fief et seigneurie de Ver-le-Grand, avec plusieurs autres petits fiefs.

Les fief et seigneurie d'Avrainville.

Les fief et seigneurie de Boissy-sur-Saint-Yon.

Le fief et hostel, lieu et manoir de Chanteloup qui fut au Roy.

Les fief et seigneurie de Brétigny, avec plusieurs autres fiefs.

Les fiefs de Nozay et Ville du Bois.

Les fief et seigneurie de Breux.

Les fief et seigneurie de Breuillet.

Les fief et seigneurie de Limours.

Le chastel et seigneurie d'Orsay.

Les fief et seigneurie de Vaux qui fut à messire Jean de Boise.

Un fief, moulin et manoir, appartenances, seigneurie du Clos à eau qui fut au dit Estienne de Boise, et depuis à...

Le chastel et seigneurie de Launay sous Saint-Michel-sur-Orge qui fut à messire Louis d'Escamin, auditeur des comptes.

Les fief, manoir et seigneurie de la Roue qui fut à messire de Montagu.

Le fief, manoir et seigneurie de Leuville qui fut à messire Olivier, avec plusieurs autres fiefs.

Le fief et seigneurie de Cheptainville qui fut à Mre Jacques d'Essonville avec plusieurs autres fiefs.

Le fief, manoir des Tournelles de Saint-Yon qui fut à Madame des Bordes, du quel fief sont tenus plusieurs terres et seigneuries.

Les fief et seigneurie du Marais qui fut à Mre Yon de Montenon.

Le fief et manoir des Loges qui fut à Mre Huc de Bouteval, sieur du dit lieu, contenant plusieurs fiefs et arrière-fiefs.

Le fief et manoir des Fossez de Saint-Cyr qui fut à Guillaume de Fricat, écuyer.

Le fief de Brochereau ou Bichereau, près Bandeville, de Mre Jean Boullard.

Le fief et manoir de Vaugrigneuse qui fut à messire Jean de Morlet de Montigny, du quel sont trouvez plusieurs fiefs et arrière-fiefs.

Les fief et manoir de Basville qui fut à Mre Pierre de Villiers.

Le fief et manoir de Forges-lès-Bryis qui fut à Mre Louis Peralt.

Le fief et manoir de Fontenay-lès-Bryis qui fut à Jean Grison et à Mre Guillaume Lamy, clerc des comptes.

Le fief et manoir du Coudray-lès-Bryis, qui fut à Mre Jacques de Morlet de Montigny et Mre Jean Moulin.

Le fief et manoir de Machery, clos à eaux, qui fut aux écoliers du collège Mignon à Paris.

Le fief du Fay de Marcoussis qui fut à Jean de Brie dit Ferrant.

Le fief et manoir du Rueil lès Bruyères qui fut à Huret de Villeperret.

Le fief et manoir des Pommeret près Limours qui fut au suisse Galattre.

Le fief et manoir du Coudray-Lizard qui fut à M₁ₑ de Lignères.

Le fief et manoir de Janvrys qui fut à Mᵣₑ Jean Poupamcourt, président, présentement à Baillon.

Le fief et manoir de Montfaucon qui fut à Jean Sanguin, écuyer.

Le fief et manoir de Courtabœuf qui fut à Guillaume de Jarville, écuyer.

Le fief et manoir de la Poitevine, à M. le président de Thou.

Le fief et manoir de Frêlay qui fut à M. de Graville.

Le fief et manoir de Saulx aux Chartreux.

Le fief et manoir de Saulcières aux religieuses Sainte-Catherine du Val.

Le fief et manoir de Villebon, à Mᵣₑ de Thou.

Le fief et manoir de la Plesse, au dit sʳ de Thou.

Le fief et manoir de Vilvaut qui fut à Mᵉ Mortet et de présent à...

Le fief et manoir de Chaumusson qui fut à Mᵣₑ de Limours.

Le fief et manoir de Frileuse aux Célestins de Marcoussis.

Le fief et manoir de Blaigny, ou Bligny, qui fut à...

Le fief et manoir de Roussigny qui fut à...

Le fief et manoir d'Angerville à M. de Thou, de présent à.. et autres petits fiefs.

Un autre fief dit Marivat à Chastres, à présent à Pierre d'Arras et autres.

Le fief et manoir de Billy de présent à Aymond Carnassol.

Le fief et manoir de Lardy de présent à...

Le fief et manoir du moulin de Goumières, de présent à...

Le fief et manoir du Mesnil-Trasse-Boule.

Le fief et manoir du moulin de Bouchet et appartenances, de présent à...

Le fief et manoir de Biscorne ou Bichecorne, dit Beaulieu, à Me Olier, trésorier.

Le fief et manoir de la Boucherie qui fut à..., auditeur des comptes.

Un autre fief et manoir de Saint-Vrain, qui fut à...

Le fief et manoir des Renouillères qui fut à..., conseiller au Parlement.

Le fief et manoir de Guibeville près Chastres qui fut à..., auditeur des comptes.

Le fief et manoir des Batons qui fut à Enguerrand de Marecognet, écuyer.

Le fief et manoir de Gilvoisin, qui fut à M. Gilvoisin.

Le fief et manoir de Torfou (?) de présent à...

Le fief et manoir de Beauvais-lès-Dourdan qui fut à Louis de Brétigny, avec plusieurs autres choses scituées au dit lieu.

Le fief et seigneurie de Berville en Beauce qui fut à Philippe Gaudin, écuyer, de présent à...

Le fief et manoir de Guisseray qui fut à Me Yon de Montenon dit le Borgne.

Le fief et manoir de Lopigny.

ARRIÈRE-FIEFS.

Gregny ou Grigny, de présent à...

Le fief et manoir de Liers, à Jean De la Fosse, écuyer.

Le fief et manoir de la Fontaine, à...

Le fief et manoir de Guipereux, à...

Le fief et manoir de Fontenelles, à...

Le fief et manoir du Mesnil, à...

Le fief et manoir du moulin de Gravigny et ses appartenances, qui fut à Mre Jean de Bruyères, chevalier.

Le chastel et seigneurie de Louhans, relevant de Montlhéry, encore qu'il soit aux arrière fiefs.

Le fief et manoir de Champagne, à...

Le fief et manoir de Fromenteau, à...

Le fief et manoir de Mons, qui fut à Jean Chenilly, à...

Le fief de Villiers-le-Roy, à...

Le fief de Champlan à M. de Palaiseau.

Le fief et manoir de Villejust, qui fut à M. de Graville.

Le fief et manoir de Villiers-lès-Longpont.

Le fief de la Mère-Dieu, qui fut à M. Lecompte, chevalier.

Le fief et manoir de la Saussaye, qui fut à...

Le fief et manoir de Villefeux, qui fut à...

Le fief et manoir de la Martinière, à...

Le fief et manoir du Mesnil-Forget aux Célestins de Marcoussis.

Le fief et arrière-fief de Villiers ou Villegier.

Le fief et manoir de Viviers.

Le fief et manoir de la Bofrie ou de la Bove, à...

Le fief de l'Orme-Gras, à...

Le fief et manoir de Soucy, à Pierre de Fitte, maître des comptes.

Le fief et manoir de Montelou, à...

Le fief et seigneurie de Villebouzin, à M. Grison.

Le fief, terre et seigneurie de Balainvilliers et autres petits fiefs, au sieur Baussan.

Le fief et manoir de Sauvage ou des Sauvages, à...

Le fief et manoir de Bouray, à...

Le fief et manoir de Leudeville, à...

Le fief et ferme de Bretonvilliers, à...

Le fief et manoir de Misery, à...

Le fief et manoir de Bourguignette.

(Extrait d'un manuscrit inédit.)

V.

ESTAT DES FIEFS

Tant ecclésiastiques que laïques, relevant en plein fief
et immédiatement de la Tour de Montlhéry.
(Vers 1670).

I. — Fiefs ecclésiastiques.

Le fief du prieuré de St-Laurent du chasteau de Montlhéry.

Le fief de Sainte-Marie et de Sainte-Catherine d'Herbelay, chapellenie royale.

Le fief du Déluge, Commanderie de Saint-Jean des chevaliers de Malte.

Le fief de la maladrerie de Montlhéry, Commanderie de Notre-Dame du Mont-Carmel.

Le fief du prieuré de Notre-Dame de Longpont, ordre de Clugny, non réformé.

Le fief de Notre-Dame de Juvisy.

Le fief du Chapitre collégial de Saint-Médéric de Linoys.

II. *Fiefs laïques tenus par gens de main-morte.*

Le fief de Sainte-Catherine du Val des Écoliers, sis dans la forêt de Séquigny.

Le fief de l'archevêque, des Célestins de Marcoussis. 80 arpents de bois taillis.

Le fief, justice et paroisse d'Avrainville des religieux de Saint-Germain-des-Prés.

Le fief, justice et paroisse de Saulx-lès-Chartreux de Paris.

Le fief de Saulxières, paroisse de Saulx, des religieux de Sainte-Catherine du Val des Écoliers.

Le fief des religieux de la Saulxsaie, sis dans la forêt de Séquigny.

Le fief des Vaux de Noisy, des religieux bénédictins d'Orléans.

III. *Fiefs en titre de marquisat.*

Le fief de Chilly, paroisse de Longjumeau.
(Chilly, Massy, Escharcoy).

Le fief de Leuville.

Le fief de Savigny-sur-Orge.

Le fief de Chastres.

Le fief de Marcoussis.

Le fief de Palaiseau.

Fiefs en titre de comté.

Le fief du Marais, paroisse de Saint-Cyr,

Fiefs en titre de baronnie.

Le fief et paroisse de Viry-sur-Seine.

Le fief et paroisse du Plessis-Pâté, Bondoufle.

Le fief et paroisse de Saint Vrain.

Le fief du Bouchet, paroisse de Ver-le-Grand et Ver-le-Petit.

Le fief et paroisse de Bruyères-le-Châtel.

IV. Fiefs simples.

Le fief et paroisse d'Angervilliers.

Le fief de la Brosse, château et paroisse d'Athis.

Le fief de Jean du Puys, paroisse du dit Athis.

Le fief Taconneau.

Le fief Fromenteau.

Le fief de Champaigne à M. le marquis de Vésins.

Le fief et paroisse de Balainvilliers.

Le fief de Bandeville, et la paroisse de Saint-Cyr.

Le fief de Bichecorne ou de Beaulieu.

Le fief et paroisse de Bièvre.

Le fief de Billy.

Le fief dit Le Maire.

Le fief de la Honville ou Laonville.

Le fief de la Bucherie.

Le fief de Villebouzin:

Le fief de Guillerville.

Le fief de Gilles Voisin.

Le fief de Boullay.

Le fief de Blazeux.

Le fief de la Bretonnière et paroisse Saint-Germain-lès-Châtres.

Le fief de Brétigny et paroisses de Saint-Pierre et de Saint-Philbert.

Le fief du Breuil.

Le fief de Cens commun, sis dans la ville de Montlhéry.

Le fief de Chanteloup.

Le fief et paroisse de Chetainville.

Le fief Cochet, de la paroisse de Brétigny.

Le fief du collége Mignon, paroisse de Bruyères-le-Châtel.

Le fief de Courtabœuf.

Le fief et paroisse d'Huison ou Duyson.

Le fief et paroisse d'Épinay-sur-Orge.

Le fief et paroisse de Fontenay-lès-Briis.

Le fief d'Egly.

Le fief et paroisse de Forges.

Le fief et paroisse de Sainte-Geneviève des Bois et paroisse de Villemoisson.

Le fief et paroisse de Saint-Germain-lès-Châtres.

Le fief et paroisse de Guypeville.

Le fief de la Jalquinière (Gilquinière), paroisse d'Épinay-sur-Orge.

Le fief et paroisse de Lardy.

Le fief de Torfou.

Le fief de Minorant.

Le fief de Combault.

Le fief de la Haute-Boissière.

Le fief des Quatre Arpents de Pré, paroisse de Bouray.

Le fief de Larris blanc.

Le fief des Loges.

Le fief de Longjumeau, et paroisse.

Le fief et paroisse de Louhans.

Le fief de Machery.

Le fief et paroisse de Marolles.

Le fief de Miscon.

Le fief de Montpipeau, sis au pied de la tour de Montlhéry.

Le fief et paroisse de Morsang.

Le fief de la Motte sis au pied de la tour de Montlhéry.

Le fief de la Norville, paroisse de Saint-Genest ou Genetz.

Le fief et paroisse de la Norville.

Le fief d'Ollainville, paroisse d'Egly.

Le fief et paroisse d'Orçay.

Le fief de l'Orme-Gras.

Le fief de la Roüe, paroisse de Linoys.

Le fief du Sauvage, paroisse de Villemoisson.

Le fief de Vaulx-Grigneuse.

Le fief de Grand et de Petit-Vaulx, paroisse d'Épinay-sur-Orge.

Le fief de Verville.

Le fief de Villiers-le-Châtel, lès la Ferté-Aleps.

V. Fiefs distraits de la Mouvance de la Tour de Montlhéry.

Le fief de Saint-Yon, baronnie.

Le fief de Boissy-sous-Saint-Yon.

Le fief de Breux.

Le fief de Breuillet.

Le fief de Torfou.

Le fief de l'Aunoy-Courson.

Le fief de Saint-Sehours.

Le fief de Briis.

N.-B. — Les dits huit fiefs distraits de la mouvance de la Tour de Montlhéry pour relever de la Tour du Louvre, en faveur de M. Nicolas de Lamoignon, premier président au Parlement de Paris, au moyen de l'érection faite par le roi du comté de l'Aulnoy-Courson composé des dits huit fiefs.

Le fief de Villebon.

Le fief de Villejust.

Le fief de Fretay.

N.-B. — Les dits trois fiefs distraits de la mouvance de la Tour de Montlhéry, pour relever de la Tour du Louvre en faveur de défunt Monsieur de Novion, premier Président au Parlement de Paris.

VI. Fiefs à cause des Haultes-Justices des Paroisses distraites de la châtellenie de Montlhéry séparées des domaines des Fiefs.

Fief de la Justice de la paroisse de Janvrys.

Fief de la Justice de la paroisse de Juvisy.

Fief de la Justice de la paroisse de Saint-Maurice.

Fief de la Justice de la paroisse de Saint-Michel-sur-Orge.

Fief de la Justice des paroisses Saint-Pierre et Saint-Philbert de Brétigny.

Fief de la Justice de la paroisse de Marolles.

Fief de la Justice de la paroisse de Viry-sur-Seine.

Fief de la Justice de la paroisse de Villemoisson.

(Extrait d'un manuscrit inédit.)

VI.

Cahier des doléances, plaintes, vœux et remontrances du Tiers-État de la ville de Montlhéry, du ressort du Châtelet de Paris, délibérés et arrêtés en assemblée générale du dit Tiers-État, convoquée en exécution du Règlement de Sa Majesté du 24 janvier dernier, pour la tenue des États-Généraux du Royaume, et présidée par M. François Lorgery, avocat au Parlement et prévôt de la prévôté du dit Montlhéry.

Pour entrer dans les vues bienfaisantes de Sa Majesté et concourir au bien général du Royaume, le tiers-état de la ville soumet à la délibération des États-Généraux les objets contenus aux articles suivants qu'il estime propres à contribuer essentiellement au soutien de l'État et au bonheur des peuples.

Art. 1er. — Suppression de tous les impôts, sous quelque dénomination qu'ils soient établis. Création d'un seul impôt qui sera établi proportionnellement sur les biens-fonds, sur le commerce et sur l'industrie, supporté par tous les ordres de l'État indistinctement, dans une proportion telle que le taux d'une province n'excède pas celui d'une autre.

Point d'exemptions, privilèges ni abonnements. Les États-Généraux détermineront dans quelle proportion le commerce et l'industrie devront contribuer au paiement du dit impôt. Leur sagesse déterminera si les journaliers ou manouvriers doivent y être assujettis.

Art. 2. — Suppression du droit d'aides sur les boissons et

singulièrement du droit odieux de gros manquant. Établissement d'un droit unique sur les boissons.

Art. 3. — Suppression des gabelles, le sel rendu marchand, les propriétés exclusives des salins conservées au Roi, l'uniformité du prix du sel pris dans les salines.

Art. 4. — Les États-Généraux détermineront une nouvelle manière de régir la partie du tabac et d'en procurer la diminution du prix, même, s'il se peut, de le rendre marchand dans l'intérieur du Royaume.

Art. 5. — Suppression de tous les droits sur les bestiaux de consommation, denrée de première nécessité.

Art. 6. — Réformation des abus relatifs aux pensions.

Art. 7. — Suppression des Élections; leurs fonctions attribuées aux Juges royaux.

Art. 8. — Suppression des juridictions des Eaux et Forêts. Réunion de leurs fonctions aux Juges ordinaires, quant au contentieux. L'administration confiée aux Assemblées provinciales.

Art. 9. — Le droit de chasse restreint et limité.

Art. 10. — Destruction de tous les lapins dans les bois de remise quelconques. Les pigeons enfermés dans le temps que les semailles et moissons peuvent être exposées à leurs incursions. Permis à toutes personnes de les prendre, dans ce temps, dans leurs possessions.

Art. 11. — Les fonds des terrains pris pour les constructions des grandes routes et des routes de chasse remboursés aux propriétaires riverains, sauf, s'ils y manquent, à les y contraindre ou à répéter contre eux les frais de plantation.

Art. 12. — Les baux à loyer faits par les titulaires de bénéfices pour six ans à l'égard des maisons, et neuf ans pour les biens de la campagne, et sans fraude, exécutés nonobstant décès ou démission des titulaires.

Art. 13. — Réformation du code civil et du code criminel. Des règles simples et faciles faites pour l'instruction des procès et instances. La célérité des jugements. La diminution des frais.

Art. 14. — Formation d'arrondissements de justices seigneuriales dont les siéges seraient établis dans les villes ou bourgs où il y a un marché, à la distance de 4 à 6 lieues ; dont les officiers seraient nommés concurremment par les seigneurs des Justices dont l'exercice serait réuni, qui supporteraient proportionnellement les frais de l'administration.

Art. 15. — Restriction des Juridictions consulaires aux villes de commerce où elles sont établies et à leur banlieue.

Art. 16. — Suppression du privilége des bourgeois de Paris de ne pouvoir être contraints et plaider en défendant ailleurs qu'au Châtelet. Suppression de l'attribution de juridiction du scel du Châtelet et de tous droits de *committimus*, lettres de gardes-gardiennes, évocations, si ce n'est en cas de connexité et de litispendance seulement.

Art. 17. — Suppression des Jurés priseurs et des 4 deniers pour livre, comme onéreux au peuple, surtout aux veuves et orphelins et contraires à la liberté du choix et du placement de la confiance.

Art. 18. — Suppression des droits seigneuriaux qui ressentent la servitude et des droits de minage.

Art. 19. — La rénovation des papiers terriers devenue abusive par l'avidité des feudistes, leur extension et leur durée interminable fixée à cent ans. Une seule reconnaissance des biens et héritages à chaque rénovation, sauf aux seigneurs à faire reconnaître dans un temps utile les redevances sujettes à prescription.

Art. 20. — Abolition des droits de franc-fief.

Art. 21. — Réformation du tarif des droits de contrôle. Les droits diminués, surtout dans les actes de famille, dans les transactions et autres actes qui tendent à concilier les parties, Les dits droits dégagés de l'extension que les commis leur donnent et que l'administration autorise. Les notaires de Paris assujétis au paiement des droits comme à la formalité.

Art. 22. — Le centième denier non exigible en cas de donation ou démission de propriété par les pères et mères en faveur de leurs enfants, de soulte en partage soit en directe,

soit en collatérale, même en cas de succession collatérale.
Point de droit en sus dans aucun cas,

Art. 23. — Le tarif de l'insinuation rectifié, les droits
modérés, surtout dans les contrats de mariage et autres actes
de famille, et en faveur des mineurs, non exigible sur leurs
préciputs et autres avantages matrimoniaux même dans le cas
de la clause de reprise. Point de droit en sus.

Art. 24. — Suppression des milices. Aviser aux moyens
d'y pourvoir et d'éviter les dépenses considérables qu'elles
occasionnent aux pères de famille que la prudence de l'administration n'a pu empêcher et qui ont toujours formé obstacle
à la rentrée des impôts.

Art. 25. — Les habitants et propriétaires de fonds déchar-
gés des grosses réparations et reconstructions des nefs des
églises paroissiales et des presbytères. Cette charge assise sur
les biens ecclésiastiques, ceux des hôpitaux et autres établis-
sements de charité exceptés.

Art. 26. — Les assemblées provinciales chargées de vérifier
le produit des récoltes et la consommation. Établissement de
magasins dans chaque province pour prévenir la disette, qui
puissent fournir à la consommation au moins pendant deux
années. L'exportation du blé permise hors du Royaume, dans
le seul cas où il y aurait du superflu constaté par les Assemblées provinciales.

Art. 27. — Défense de vendre le blé dans les fermes de
tout temps. Cultivateurs obligés d'apporter le blé sur les
marchés. Les peines les plus sévères contre les monopoliseurs
et les accapareurs.

Art. 28. — Il serait à désirer, pour diminuer le prix de la
viande et faciliter la multiplication des bestiaux, que chaque
fermier et meunier fût obligé de faire des élèves de poulains
et génisses en proportion de son exploitation.

Art. 29. — L'étalonnage des mesures agraires et autres sera
attribué aux Juges des lieux exclusivement.

Art. 30. — Que nulle permission ne puisse être accordée
dorénavant aux charlatans et aux empiriques d'exercer en

aucune façon l'art de la chirurgie et défenses expresses leur soient faites de débiter davantage leurs drogues dans tout le Royaume.

Art. 31. — Au surplus, les députés du Tiers-État de la ville de Montlhéry seront et demeureront autorisés à proposer, remontrer, aviser et consentir tout ce qui peut concerner le bonheur du peuple et pourrait être employé dans le Cahier général de la Prévôté et Vicomté de Paris, même contre et outre le contenu des articles ci-dessus.

Fait, délibéré et arrêté en l'Assemblée générale du Tiers-État de la dite ville de Montlhéry tenue ce jourd'hui 13 avril 1789.

Signé : Huard ; Alorge ; Aufray ; Saunier, Bachelier ; Blin ; Charbonneau ; Chevalier ; Marquant ; Moulin ; Clozeau ; Lorgery.

(*Archives parlementaires*, t. IV, 1789, p. 730 à 732.)

TABLE

CHEZ LE MÊME LIBRAIRE.

Histoire de Marcoussis, de ses Seigneurs et de son Monastère, par *V. A. Malte-Brun*. 1 vol. petit in-8° de xii-418 pages, avec fleurons, titres gravés, une vue de l'ancien château de Marcoussis, gravée sur bois, d'après un dessin de E. Forest; une planche d'armoiries, un sceau du xiiie siècle, et une belle carte topographique de la vallée de Marcoussis imprimée en deux couleurs. Paris, 1867. Prix, 12 fr. sur papier velin, et 15 fr. sur papier vergé pour les bibliothèques d'amateurs.

Il ne reste plus que quelques exemplaires de ce beau volume qui n'avait été tiré qu'à 310 exemplaires, dont 55 sur papier vergé et 2 sur parchemin.

La Tour et l'ancien Chateau de Montlhéry. Brochure petit in-8° de 24 pages, avec 2 gravures hors texte.

NOGENT-LE-ROTROU, IMPRIMERIE DE A. GOUVERNEUR.

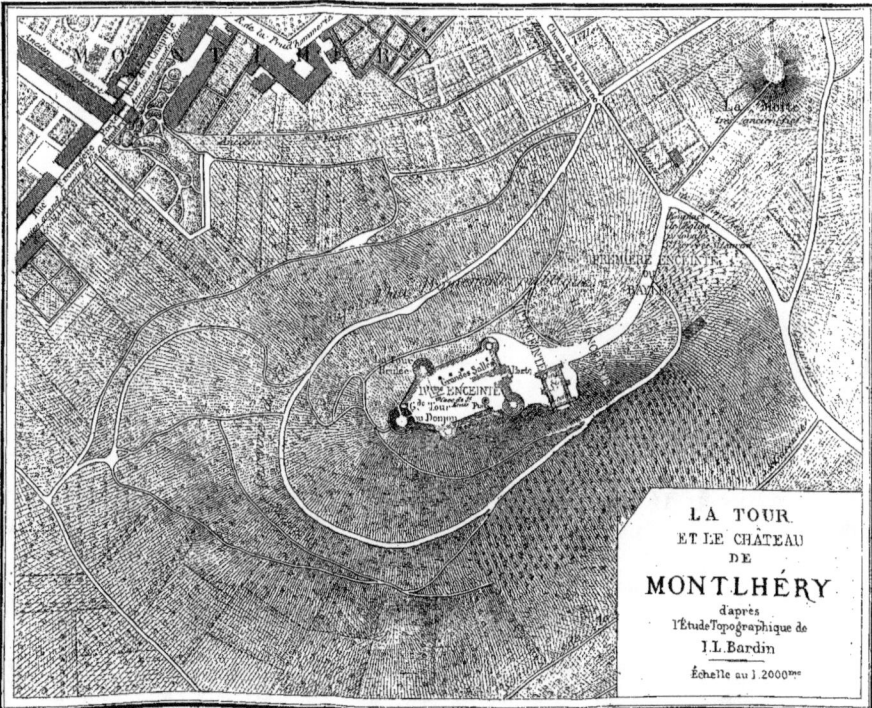

LA TOUR
ET LE CHÂTEAU
DE
MONTLHÉRY
d'après
l'Étude Topographique de
I.L. Bardin
Échelle au 1.2000me

Georges Erhard Sculpsit.

V.A. MALTE-BRUN Direxit.

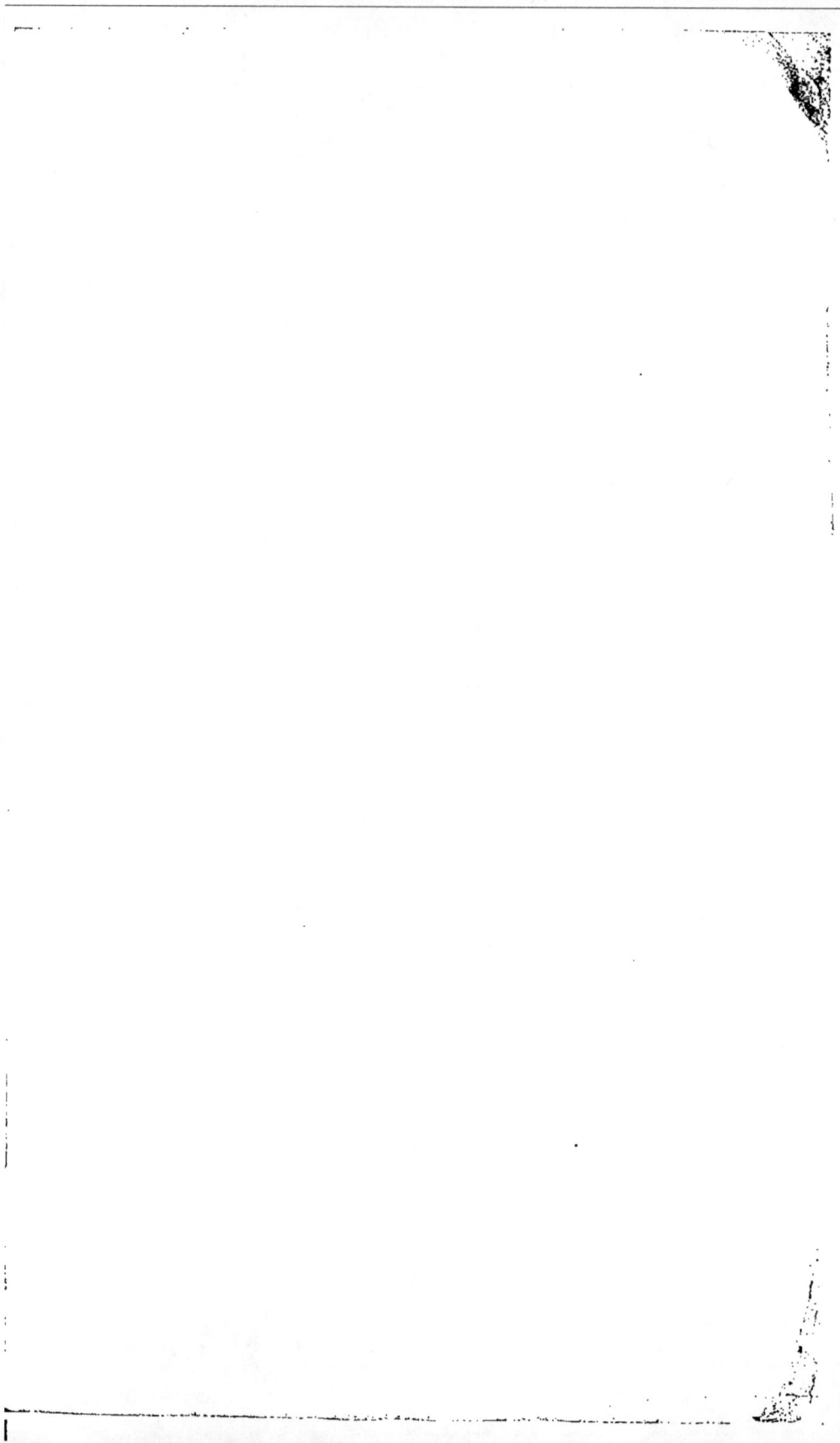

CHEZ LE MÊME LIBRAIRE.

HISTOIRE DE MARCOUSSIS, DE SES SEIGNEURS ET DE SON MONASTÈRE, par *V. A. Malte-Brun*. 1 vol. petit in-8º de xii-418 pages, avec fleurons, titres gravés, une vue de l'ancien château de Marcoussis, gravée sur bois, d'après un dessin de E. Forest; une planche d'armoiries, un sceau du xiiie siècle, et une belle carte topographique de la vallée de Marcoussis imprimée en deux couleurs. Paris, 1867. Prix, 12 fr. sur papier velin, et 15 fr. sur papier vergé pour les bibliothèques d'amateurs.

Il ne reste plus que quelques exemplaires de ce beau volume qui n'avait été tiré qu'à 310 exemplaires, dont 55 sur papier vergé et 2 sur parchemin.

LA TOUR ET L'ANCIEN CHATEAU DE MONTLHÉRY. Brochure petit in-8º de 24 pages, avec 2 gravures hors texte.

NOGENT-LE-ROTROU, IMPRIMERIE DE A. GOUVERNEUR.

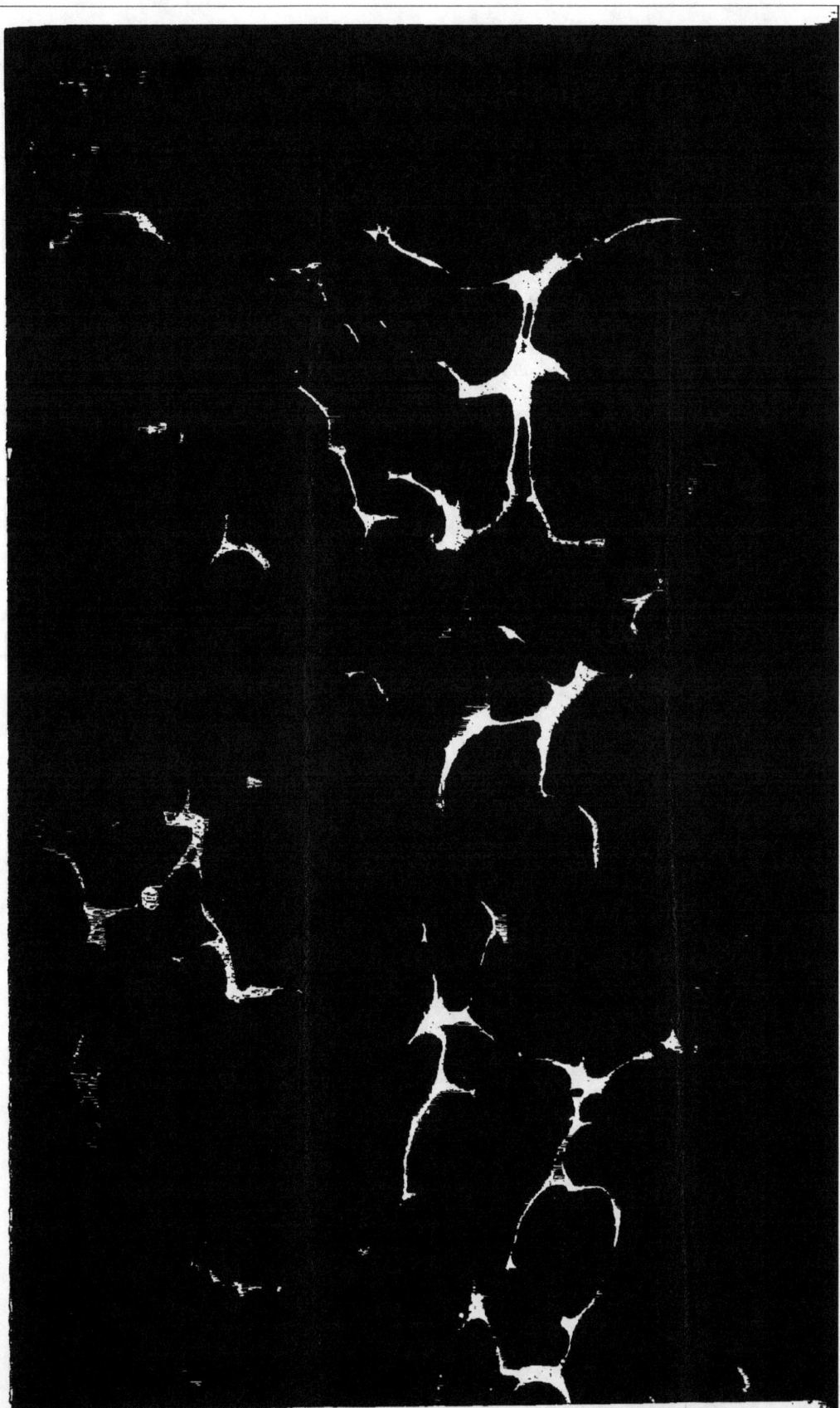

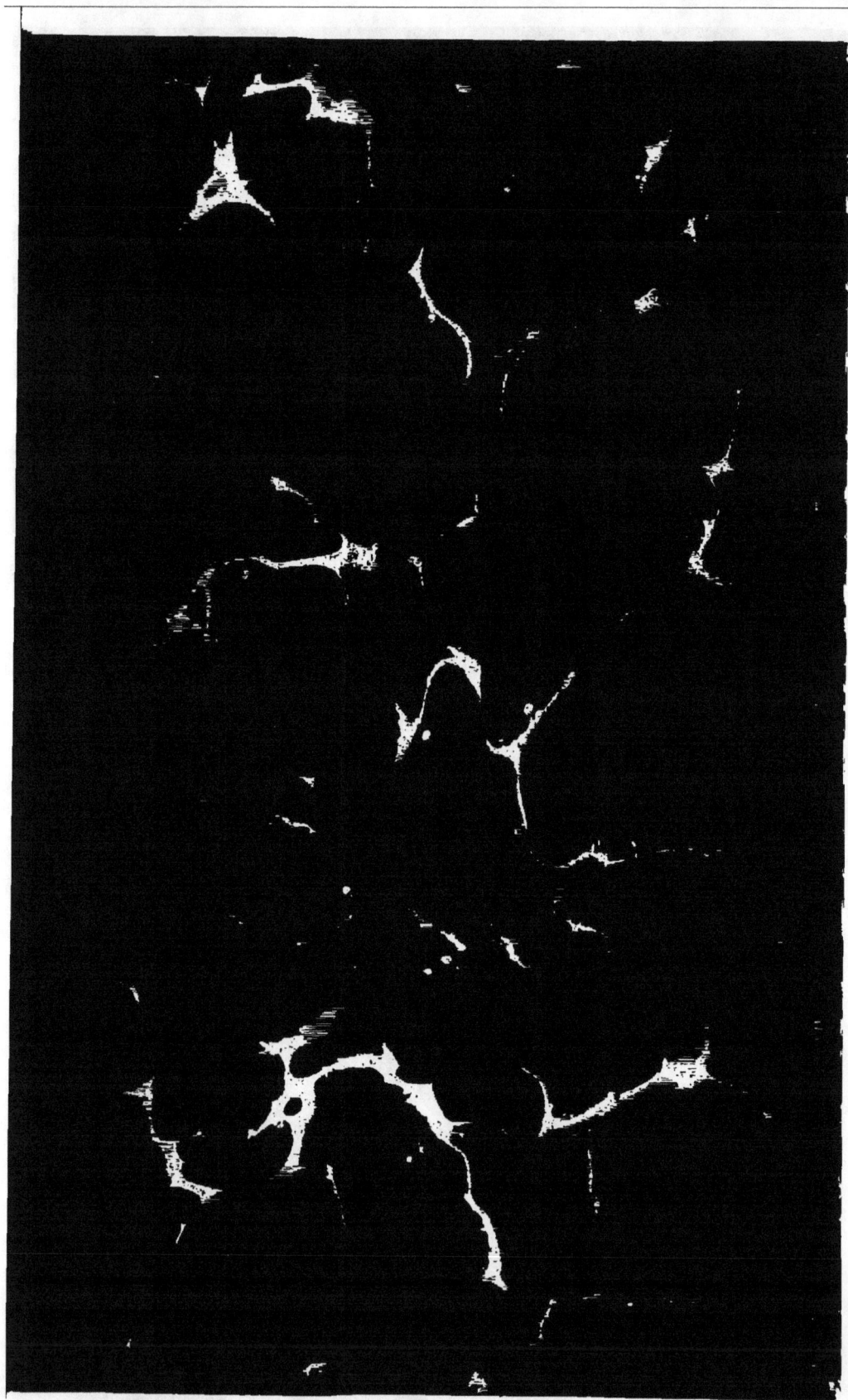

BIBLIOTHEQUE NATIONALE DE FRANCE

3 7531 00176403 5

www.ingramcontent.com/pod-product-compliance
Lightning Source LLC
Chambersburg PA
CBHW050017100426
42739CB00011B/2683